Kaiser Traktate

Gustav W. Heinemann

Der Frieden ist der Ernstfall

Herausgegeben und eingeleitet von Martin Lotz

Chr. Kaiser

CIP-Kurztitelaufnahme der Deutschen Bibliothek

Heinemann, Gustav W.:
Der Frieden ist der Ernstfall
Gustav W. Heinemann. Hrsg. u. eingeleitet von Martin Lotz. –
München: Kaiser, 1981
(Kaiser Traktate; 59)
ISBN 3-459-01389-3

Umschlag: Christa Manner
Gesamtherstellung: Georg Wagner, Nördlingen.

Inhaltsverzeichnis

Einleitung

In einer Zeit sich steigernder Kriegsgefahr ist es gut, sich an Gustav Heinemann als einen hartnäckigen Streiter für den Frieden zu erinnern.

Die in diesem Band veröffentlichten Reden und Aufsätze zur Wiederaufrüstung der Bundesrepublik Deutschland, zur Gefahr der Kernwaffen, zum Recht auf Wehrdienstverweigerung und zur Friedens- und Konfliktforschung sind in keiner der in den letzten Jahren erschienenen Sammlungen von Reden und Schriften Heinemanns enthalten. Insofern ergänzen diese Texte die bisherigen, meist umfangreicheren Heinemann-Publikationen. Diese prägnanten, gelegentlich gekürzten, Stellungnahmen des früheren Ministers, Parteipolitikers und Bundespräsidenten sind auch dazu geeignet, sich die inzwischen 30jährige Geschichte der Remilitarisierung unseres Landes zu vergegenwärtigen.

Gustav Heinemanns Analysen und Argumente sind über den zeitgeschichtlichen Bezug hinaus höchst aktuell, z. B. im Hinblick auf die immer wieder gefährdete Entspannungspolitik und zur Vertiefung der Erkenntnis des Zusammenhangs zwischen Rüstung und weltweiter sozialer Frage. Auch der Friedensauftrag der Kirchen wird durch die Lektüre dieser Texte bestärkt.

Frieden beginnt mit dem Verzicht auf Rüstung. Konrad Adenauer betrieb seit dem August 1950 die Wiederaufrüstung der Bundesrepublik Deutschland im Rahmen eines gegen den Osten gerichteten Westbündnisses. Er tat dies eigenmächtig und gegenüber Volkswillen und Parlament aus freien Stücken. Denn weder hatten die Westmächte die Bundesrepublik zu einer Remilitarisierung aufgefordert, noch verlangten dies die politischen Parteien oder die Mitglieder der Bundesregierung, geschweige denn das deutsche Volk selbst. Gustav Heinemann widersprach Adenauer und trat, als er in der Regierung auf taube Ohren stieß, vom Amt des Bundesinnenministers zurück. Er wollte nicht mitverantworten, daß unser Land, von dem die Welt mit Krieg überzogen worden war, erneut in eine militärische Front einbezogen wurde oder sich gar selbst eingliederte. Außerdem sah er voraus, daß im Falle einer militärischen Westintegration der Bundesrepublik Deutschland die Sowjetunion aus Gründen eigener Sicherheit einer neuen staatlichen Einheit Deutschlands nicht zustimmen könnte und würde.

Der Widerspruch in der Aufrüstungsfrage verschärfte sich nach der Sowjetnote vom 10. März 1952, in der die staatliche Einheit Deutschlands unter der Voraussetzung angeboten wurde, daß Deutschland sich aus jeglichem Militärbündnis heraushält. Die Bundesregierung ließ diese Note ungeprüft liegen, weil sie nicht in das Konzept der Wiederaufrüstung und Westeingliederung der Bundesrepublik Deutschland paßte.

Die Beiträge *Der Todeszirkel der Rüstung, 1951* und *Wiederaufrüstung trotz Sowjetangebot? 1952* dokumentieren Heinemanns Einsatz für den Frieden in den Jahren der Weichenstellung für zwei Jahrzehnte deutscher Politik.

Nach Stalins Tod, vgl. den Beitrag *Frieden durch Lösung der deutschen Frage*, 1953, und nachdem die Europäische Verteidigungsgemeinschaft (EVG) 1954 am französischen Parlament gescheitert war, erschien Heinemann der Kampf gegen Wiederaufrüstung und Westeingliederung erneut notwendig und erfolgversprechend. Er beschwor die Verantwortlichen in Bonn, im Westabmarsch innezuhalten und mit dem Osten Verhandlungen aufzunehmen. Im Rahmen der Paulskirchenaktion vom 29. Januar 1955 *Wiederaufrüstung gegen Volkswillen und deutsche Einheit* forderte er eine breite außerparlamentarische Bewegung, durch die der fatale Bonner Kurs aufgehalten und verändert werden könnte.

In dieser Zeit begann Heinemann auch leidenschaftlich vor der Gefahr der Massenvernichtungsmittel zu warnen; er befand sich dabei in besonderem Einklang mit der Ökumenischen Bewegung der Kirchen, mit den deutschen Atomwissenschaftlern und der Synode der Evangelischen Kirche in Deutschland*, allerdings im Widerspruch zur Vereinigten Evangelisch-Lutherischen Kirche in Deutschland*, der VELKD: *Ökumene ächtet Atomwaffen, 1954, Appell der Atomwissenschaftler überhört, 1957, Evangelische Kirche gegen Atomkrieg! Und die Atomwaffen? 1958, Hiroshima – Mahnmal für alle Völker, 1970.*

Heinemann stritt für Friedenspolitik in einer Zeit, in der Antikommunismus und Antisowjetismus herrschende Lehre waren und einer realistischen Einschätzung des russischen Sicherheitsbedürfnisses entgegenstanden. Die historisch-systematische Erörterung der *Deutschen Politik zwischen Sowjetunion und dem Westen, 1959* zeigt die wirklichen Alternativen deutscher Politik zwischen Ost und West auf.

Ein neuer Schwerpunkt politischen Handelns wurde für Heinemann nach erfolgter Wiederaufrüstung und Westintegration der Bundesrepublik Deutschland das Eintreten für das in der Verfassung garantierte Grundrecht auf Wehrdienstverweigerung: *Gesamtdeutsche Synode gegen Wehrzwang, 1956, Verfassungsstreit um Kriegsdienstverweigerung, 1961* und *Straffreiheit für Wehrersatzdienstverweigerer, 1968* sind als Beispiele dafür wiederabgedruckt.

Schließlich hat Heinemann der Friedensarbeit die Tür zu einem Forschungszweig geöffnet, der in der Bundesrepublik Deutschland bis heute sträflich vernachlässigt, ja von maßgebenden Politikern rundheraus abgelehnt wird: Auf seine Anregung hin wurde im Oktober 1970 die Deutsche Gesellschaft für Friedens- und Konfliktforschung gegründet. Eine Rede aus dem Jahre 1964 *Nicht der Krieg, der Frieden ist der Ernstfall*, und ein Interview aus dem Jahre 1973 *Frieden ist jedermanns Sache* unterstreichen Friedens- und Konfliktfor-

* Im weiteren Verlauf des Buches werden folgende Abkürzungen verwendet:
EKD = Evangelische Kirche in Deutschland
VELKD = Vereinigte Evangelisch-Lutherische Kirche in Deutschland.

schung als ein unumgängliches Bemühen nachdem dem Krieg jede moralische und politische Rechtfertigung entzogen ist.

Martin Lotz

Der Todeszirkel der Rüstung

»Die Stunde eines einigermaßen freien Wortes kann nicht mehr lange währen. Wir sind bereits vom Todeszirkel der Rüstung umschlossen und werden in kurzem Planungen unterworfen werden, die das Gewissen in der Öffentlichkeit verstummen lassen.« (Reinhold Schneider, 1950). Sind wir jetzt so weit? Gewinnen dumpfe Ergebung, heimliche Verzweiflung und lähmende Ahnung die Oberhand, so daß der Todeszirkel der Rüstung sich zu schließen vermag? Das ist eine Frage, welche zahllose Menschen im Lande bewegt.

Die Konturen sind im Verlauf einer einjährigen Auseinandersetzung um die westdeutsche Aufrüstung schärfer geworden. Auf der einen Seite ist die Entschlossenheit des Bundeskanzlers und der Amerikaner fühlbar, jetzt zu Ergebnissen zu kommen. Auf der anderen Seite ist die Entschlossenheit zum Nein gegen eine Aufrüstung hier und heute bündiger geworden. Nicht nur die in erster Linie betroffene Jugend steht überwiegend zu diesem Nein, sondern auch Dr. Schumacher hat es unter den heutigen Gesichtspunkten aus mancherlei Zwielicht heraus für seine Partei eindeutig und, wie er sagt, unwiderruflich unterstrichen. So kann es also im Bundestag nur eine knappe Mehrheit für die Aufrüstung geben, zumal da das Zentrum und anscheinend auch die Bayernpartei nicht mit von der Partie sein wollen. Von einer 2/3-Mehrheit ist keine Rede mehr, so daß sich die Frage der verfassungsmäßigen Zulässigkeit einer Rüstung in ihrem ganzen Schwergewicht stellt. Auch der Widerstand im Bereich der Evangelischen Kirche hält an und wird sich weiter zum Wort melden. Das besagt heute so wenig wie früher, daß es hier um konfessionelle Dinge geht. Auch im katholischen Volksteil ist der Widerstand vorhanden, wie allein schon die Haltung des Zentrums und der Bayernpartei beweist. Das Ergebnis des einjährigen Meinungsstreites um die Aufrüstung ist also buchstäblich eine Aus-einandersetzung, so daß alle parlamentarischen Entscheidungen für die Aufrüstung nicht nur verfassungsrechtlich, sondern weit mehr noch politisch der Tragfähigkeit entbehren werden. Es dokumentiert sich darin, daß uns eine wirkliche Handlungsfähigkeit fehlt. Wir können allenfalls in unreife Dinge hineinmanövriert werden, und das ist eine Besorgnis, die uns alle angeht, einerlei ob wir die Aufrüstung für richtig halten oder nicht.

Immer größer wird die Zahl derer, die an den Bundestag schreiben, daß sie die westdeutsche Aufrüstung ablehnen. Was macht der Bundestag mit diesen Erklärungen? Es sollte wohl an der Zeit sein, daß der Bundestagspräsident der Öffentlichkeit einmal einen Überblick über die Eingaben vermittelt! Das ist der Bundestag uns schuldig, um zu dokumentieren, daß er wenigstens diese Rücksicht auf Willensbekundungen aus dem Volke nimmt.

Sehr groß ist die Zahl derer, die nach einer neuen Partei rufen. Sie sind von der Unruhe getrieben, daß die bestehenden großen Parteien weder in sich selbst einer echten Diskussion des Dilemmas um die westdeutsche Aufrüstung genügend Raum geben, noch daß sie diese Frage frei von allen machtpolitischen Nebengründen austragen. Die Tatsache, daß der Meinungsstreit um die Aufrüstung quer durch die Wähler fast aller Parteien hindurchgeht, findet in dem Verhalten der Parteien einfach keinen Ausdruck. Es kommt im Bundestag aufs ganze gesehen offensichtlich nicht zu Gruppierungen aus persönlicher Gewissensentscheidung, sondern im wesentlichen wieder einmal nur zu Gruppierungen nach Fraktionen ohne Rücksicht auf Einzelüberzeugungen. Das verstärkt in hohem Grade das Mißbehagen zahlloser gutwilliger Menschen. Wenn je, so werden der Mut zu persönlicher Entscheidung und die Freiheit von Bindungen an die Parteimaschine in dieser Lebensfrage unseres Volkes geachtet werden!

Solange wir der Diffamierung im politischen Leben und der

Anfälligkeit zur Gleichschaltung des Denkens nicht zu begegnen vermögen, sind wir weder ein freiheitliches Volk noch überhaupt auf guten Wegen.

Die ebenso bequeme, weil denkfaule, wie zugleich verhängnisvolle Art und Weise, wie heute die vom Kurs der Aufrüstung abweichende Meinung als kommunistisch oder pazifistisch-weltfremd beschattet wird, ist offenbar auch anderwärts zu einem nationalen Problem geworden. Truman ist diesem »seelischen Meuchelmord« mit deutlichen Worten entgegengetreten: »Diese Verleumder versuchen, uns so hysterisch zu machen, daß niemand mehr wagt, gegen sie aufzustehen aus Furcht, ein Kommunist genannt zu werden ... Wenn nur ein einziger Amerikaner, der kein Unrecht getan hat, aus Furcht gezwungen ist, zu schweigen, dann sind alle Amerikaner in Gefahr.« Das sticht wohltuend und weiterschauend ab von der Art, wie in der Bundesrepublik die vom Bonner Kurs abweichende Meinung von höchster Stelle als Dummheit ersten Ranges oder Verrat gebrandmarkt wird, oder wie das eigenständige Denken hier durch gesellschaftliche Ächtung erstickt, oder wie gerade eine so lautere Seele wie Reinhold Schneider durch Diffamierung gequält wird. Auch wir sind alle in Gefahr! Und deshalb sind wir alle gefordert, diesen Anfälligkeiten in unserem Volke zu wehren. Wer gegen die westdeutsche Aufrüstung steht, hat der Bundesregierung den guten Glauben zu belassen, daß auch sie auf ihre Weise dem Frieden dienen will. Und wer für die westdeutsche Aufrüstung eintritt, hat der Opposition bis zum bündigen Beweis des Gegenteils den guten Glauben zu belassen, daß es aus Besorgnis um diesen für falsch gehaltenen Weg geschieht. Wir alle, die wir innerhalb oder außerhalb der Bundesregierung ein wieder vereinigtes Deutschland wollen, in dem die Würde und die Freiheit des Menschen geachtet werden, haben uns in Freimut und Fairneß zu begegnen, aus der allein eine Gemeinschaft wachsen und leben kann. Deutschland gehört uns gemeinsam!

Die Stunde des freien Wortes ist jetzt gefordert – im Volke, in den Parteien, im Parlament, ja vor allem in der Regierung! Wie wir alle sie bestehen, ist kaum weniger wichtig, als die sachliche Entscheidung über den künftigen Weg unseres Volkes.

Zuerst erschienen als »Die Stunde des freien Wortes« in: »Die Stimme der Gemeinde«, Darmstadt und Frankfurt, Oktober 1951.

Wiederaufrüstung trotz Sowjetangebot?

Gegen eine westdeutsche Aufrüstung sprechen sechs Gruppen von Gründen.

Die erste Gruppe ist die der europäischen und die der völkerrechtlichen Überlegungen, ob denn deutsche Männer, wenn man sie in Uniformen steckt, überhaupt Soldaten im völkerrechtlichen Sinne sein können. Das gilt ebenso für Männer in der russischen Zone wie in den westlichen Zonen. Diese ganze Frage knüpft an ein Urteil eines amerikanischen Kriegsgerichtes aus dem Jahre 1947 an. Darin wurde ausgesprochen, daß Deutsche, die nach dem 8. Mai 1945 noch Waffen gegen eine der Siegermächte führten, überhaupt nicht mehr Soldaten im völkerrechtlichen Sinne sein konnten, sondern nur noch Kriegsverbrecher. Nun mag uns vielleicht durch den Kopf gehen, ob diese völkerrechtliche Beurteilung unserer Situation sich dadurch geändert hat, daß inzwischen die ehemals Alliierten uneinig geworden sind. Aber auch darauf hat ein amerikanisches Gericht die Antwort gegeben. Im April 1950 sind nämlich durch Irrtum bewaffnete Volkspolizisten aus dem russischen Sektor von Berlin in den amerikanischen Sektor hineingerutscht und dort von amerikanischer Militärpolizei arretiert worden. Man hat sie unter Anklage gestellt wegen des Tragens einer Uniform einer halbmilitärischen Organisation ohne Genehmigung der Kommandantur. Das amerikanische Gericht hat sie im April 1950 zu Gefängnisstrafen verurteilt, und der amerikanische Richter hat zur Begründung u. a. gesagt: die Tatsache, daß eine gewisse Macht – nämlich die Sowjetunion – die Mitarbeit im Kontrollrat ablehnt und sich aus der Berliner Kommandantur zurückgezogen hat, macht die Gesetze dieser Institution nicht unwirksam. So bleibt also diese völkerrechtliche Frage durch die Uneinigkeit der Alliierten

eine brennende Frage, denn es hängen – wenn es hart auf hart käme – Menschenschicksale daran.
Eine zweite Gruppe von Überlegungen betrifft innerpolitische Fragen. Auch da geht es zunächst um eine Rechtsfrage: Kennt unsere Verfassung überhaupt eine Wehrhoheit? Es ist Bundespräsident Heuss selbst gewesen, der noch im Dezember 1949 offen sagte: »Unsere Verfassung erlaubt keine allgemeine Wehrpflicht.« Kann man denn nun mit einfacher Mehrheit in Bonn Wehrvorlagen entscheiden? Das wird letzten Endes das Bundesverfassungsgericht in Karlsruhe zu klären haben. Wir sollten uns von allem Anfang an davor hüten, daß wir wieder einmal mit Rechtsfragen nach dem Satz umgehen, den Hitler uns beigebracht hat: Recht ist, was uns nützt. Und eine weitere innerpolitische Frage würde die sein, ob dieser Bundestag – mit welcher Mehrheit auch immer – überhaupt als legitimiert angesehen wird, diese Frage zu entscheiden. Wer hat 1949, als der Bundestag zur Wahl stand, überhaupt im Sinn gehabt, daß Westdeutschlands Aufrüstung einmal in Betracht kommen würde? Hier geht es um eine Frage, die nun einfach die zentrale Frage unseres Schicksals ist und in der eine Kehrtschwenkung um 180 Grad vollzogen werden soll. Da kommt es darauf an, daß das Parlament, daß die politische Führung in einem wirklichen Kontakt mit den Männern und Frauen des Volkes handelt; denn wenn wir Demokratie verteidigen wollen, müssen wir auch Demokratie riskieren. Nachdem nun innerhalb der Gewerkschaften im Bundesgebiet, und zwar beginnend in Bayern, dieser unüberhörbare Protest gegen eine Aufrüstung laut geworden ist, hat es sich auch in Bonn herumgesprochen, daß man offenbar den Zusammenhang mit dem Denken und Wollen der Menschen im Bundesgebiet stark verloren hat.
Eine dritte Gruppe von Überlegungen würde sich auf sozial-ökonomische Fragen beziehen, also darauf, ob wir wirtschaftlich kräftig genug wären, die vielfältigen Nöte unseres gesamten Volkes, die Not der Ostvertriebenen, die Not der Wohnungslosen und dergleichen zu erfassen und

gleichzeitig eine äußere Panzerung zu betreiben. Es wird von einem jährlichen Wehrbeitrag von elf Milliarden DM gesprochen. Dazu möchte ich mir den einen Hinweis erlauben, daß die Reichswehr zur Zeit der Weimarer Republik jährlich eine Milliarde gekostet hat!

Eine vierte Gruppe von Überlegungen wird auf die Frage hinauslaufen, ob unser Volk wohl handlungsfähig wäre; denn zum Kriegführen gehört wahrlich nicht zuletzt auch moralische Kraft. Haben die Regierungen echte Autorität in unserem Volk? Haben wir Solidarität untereinander? Sind wir mit den vielfältigen Dingen unserer Vergangenheit in einer sauberen Weise klar gekommen und fertig geworden, etwa mit den Problemen des Widerstandes gegen die eigene Obrigkeit, mit den Fragen des Eidbruches, mit dem Antisemitismus, mit den Fragen der Mitverantwortung für das nationalsozialistische Regime, mit den Rechtsbrüchen, die aus Zweckmäßigkeit getan und gebilligt worden sind? Haben wir die geistigen Positionen wirklich verlassen, von denen aus wir 1933 in das Unheil hineingegangen sind? Wer die neuntägige Aussprache im französischen Parlament über die Frage, ob Frankreich mit uns eine vereinigte Europa-Armee machen soll, verfolgt hat, muß tief betroffen sein über das große Mißtrauen, über die Angst geradezu, die das französische Volk vor dieser westdeutschen Bundesrepublik als einem Bundesgenossen immer wieder ausgesprochen hat. Offenbar haben wir es noch nicht fertiggebracht, in sieben Jahren nach dem Krieg mit unseren Nachbarn einen neuen Weg aufzuschließen, von dem aus eine Gemeinschaft unter uns lebensfähig sein könnte.

Und eine fünfte Frage: würde denn Aufrüstung wirklich der Sicherung des Friedens dienen? Wenn der Westen schwach wäre und nur durch westdeutsche Divisionen stark werden könnte, wieso wird dann die Sowjetunion warten bis man mit diesen westdeutschen Divisionen fertig ist? Man kann doch unmöglich aus dem Westen nach dem Osten hinüberrufen: Wartet nur mit eurem Angriff – bis 1954, dann sollt ihr einmal sehen, wie wir ihn zurückschlagen werden. Der

Westen hat ein Gleichgewicht der Macht gegen die Sowjetunion, so daß die Rote Armee nicht losschlagen wird, wissend, daß sie damit den dritten Weltkrieg auslösen würde. Wenn es nun aber so ist, daß ein Gleichgewicht der Macht in der Welt besteht, dann frage ich, warum sollen wir denn als westlicher Teil unseres Volkes uns in die amerikanische Aufrüstung eingliedern? Die erdumspannende Aufrüstung, die die Vereinigten Staaten gegen die Sowjetunion betreiben, soll erklärtermaßen eine Generalbereinigung vorbereiten. Man will mit der starken Faust die Sowjetunion an den Verhandlungstisch zwingen, um ihr dann zu eröffnen, was sie alles ändern müsse, damit man fortan nebeneinander lebt. Diese Generalbereinigung wird eine Angelegenheit auf Biegen und Brechen werden. Man steckt nicht Hunderte von Milliarden in eine Aufrüstung, wenn man nicht damit die Entschlossenheit verbindet, unter Umständen mit dieser starken Faust auch zuzuschlagen. Und das wäre für uns der Untergang; denn wir sind wahrlich nicht an der Frage interessiert, wer einen dritten Weltkrieg in der ersten oder letzten Schlacht gewinnt, – wir überleben ihn nicht! Wir können nur das eine Interesse haben, daß jegliche Politik defensiv bleibt. Das kann von uns aus nur dadurch gefördert werden, daß wir beiden Lagern keine deutschen Soldaten zur Verfügung stellen.

Eine letzte und sechste Überlegung muß sich um die Frage drehen, ob eine westdeutsche Aufrüstung wirklich der Weg zur Wiedervereinigung Deutschlands sein kann. In ausländischen Zeitungen liest man über diese Methode, durch westdeutsche Aufrüstung zur Wiedervereinigung Deutschlands zu kommen, manchmal sehr unverblümte Ansichten, so zum Beispiel in der englischen Zeitung »Manchester Guardian« vom September vorigen Jahres: »Die Aussicht auf eine Wiedervereinigung Deutschlands wird, wenn Adenauer seine Entscheidung verwirklicht hat, um mindestens 20 bis 30 Jahre hinausgeschoben; wenn Westdeutschland erst einmal bewaffnet ist, gibt es keine Grundlage mehr für eine Verständigung mit seinem östli-

chen Bruder.« Und nun sagt man uns im Westen das genaue Gegenteil, nämlich die Eingliederung in den Westen ist der Weg zum deutschen Osten.
Mich interessiert zu wissen und einmal lebendig zu erfahren, wo denn in Paris oder Rom oder Brüssel Menschen sind, die ein Interesse daran haben, daß wir als Deutsche wieder zu einem vereinten Staatswesen werden. Der wichtigste Partner in einem Vereinten Europa würde doch Frankreich sein. Spricht denn die französische Saar-Politik dafür, daß man uns zur Wiedervereinigung Deutschlands helfen will? Sprechen die vielen Vorbehalte aus der neuntägigen Debatte in der französischen Kammer dafür? Frankreich will Sicherheiten gegenüber dem halben Deutschland als dem Bundesgenossen, mit dem es das vereinte Europa bilden soll. Wie wird es das ganze Deutschland ansehen? Haben Sie nicht gehört, daß man sich gegen die Aufnahme der Bundesrepublik in den Atlantikpakt mit der Begründung sperrt, daß die Bundesrepublik territoriale Forderungen in östlicher Richtung habe? Das alles spricht doch wahrlich nicht dafür, daß man uns wirklich zur Wiedervereinigung zu helfen entschlossen sein wird.
Wenn wir ernstlich unseren Weg ohne Krieg gehen wollen, wenn wir ernstlich einen Vertrag anstreben, den nicht nur die Westmächte, sondern auch die Sowjetunion unterschreiben würden, dann müssen wir verstehen, daß Rußland ein wiedervereinigtes Deutschland nicht zulassen wird, wenn dieses eines Tages wieder unter seinen Angreifern sein würde. Die Bundesregierung sagt uns ständig, wir müßten begreifen, daß Frankreich seine Sicherungen haben will gegenüber dem halben Deutschland, mit dem es eine Bundesgenossenschaft eingehen soll. Können wir dann nicht Verständnis dafür aufbringen, daß Rußland ein wiedervereinigtes ganzes Deutschland auch mit einiger Besorgnis ansieht im Hinblick darauf, was wir 1941 gemacht haben?
Und nun die andere Seite: Rußland muß verstehen, daß ein wiedervereinigtes Deutschland nicht eines Tages insgesamt ein Opfer des Bolschewismus sein soll. An dieser Stelle liegt

der Sinn der Bemühungen um eine gesamtdeutsche Regierung. Sie würde bewirken, daß in der russischen Zone Deutschlands das totalitäre System zu Ende käme, weil es bei freien Wahlen nicht bestehen bleibt. Eine gesamtdeutsche Regierung würde weiter bewirken, daß die militärische Eingliederung von Deutschland stückweise hüben und drüben in den Aufmarsch der Weltmächte gegeneinander aufhört. Unter einer gesamtdeutschen Regierung kann weder das ostdeutsche Bein in eine russische Aufrüstung hineinmarschieren, noch das westdeutsche Bein in eine amerikanische Aufrüstung.
Ob eine solche gesamtdeutsche Regierung zu erreichen möglich wäre, steht seit vorgestern, seit dieser neuen Note der Sowjetunion, unter ganze neuen Gesichtspunkten. Nun ist diese Frage aufgeworfen auf beiden Ebenen, auf der deutschen Ebene so gut wie auf der Ebene der Westmächte, und wir müssen uns fragen, was wir zu tun gedenken. Dies wird die Frage sein, die uns in den nächsten Wochen und Monaten in Atem halten wird. Durch die Sowjetnote sind einige Einwände, die man bisher gegen gesamtdeutsche Bemühungen ins Feld führte, in ein neues Licht gerückt. Ein Einwand war, daß eine gesamtdeutsche Bemühung beim Kontrollrat enden würde. Das war immer nur eine Irreführung. Denn wenn eine gesamtdeutsche Regierung käme, kann doch der Kontrollrat nicht wieder regieren, sondern allenfalls diese gesamtdeutsche Regierung kontrollieren, und wenn dieser Kontrollrat handlungsunfähig wird, hat die gesamtdeutsche Regierung um so mehr freie Fahrt. Nun steht in der Sowjetnote ausdrücklich, daß man nicht an die Wiederherstellung des Kontrollrats als Regierung denkt, sondern eine gesamtdeutsche Regierung haben will. Und der andere Einwand war der, daß bei einer gesamtdeutschen Regierung ein schutzloses und neutralisiertes Deutschland übrigbliebe. Auch das war nichts anderes als eine Vogelscheuche, und bekanntlich sind Vogelscheuchen nur auf die Dummheit der Spatzen angelegt. Gesamtdeutsche Regierung bedeutet noch nicht besatzungsfreies Deutschland!

Besatzungsfrei wird Deutschland doch erst dann, wenn eine gesamtdeutsche Regierung einen Friedensvertrag mit allen Siegermächten zustande bringt, wenn Washington und Moskau sich über eine gemeinsame Räumung Deutschlands verständigen. Wie wird die Welt aussehen, wenn Moskau und Washington sich verständigen? Natürlich wird eines Tages die Frage des Schutzes eines wiedervereinigten Deutschlands für uns ein Problem sein, und auch dazu bringt die Sowjetnote von vorgestern einen neuen Gesichtspunkt, indem sie sagt: für ein wiedervereinigtes Deutschland käme eine Wehrmacht für Verteidigungszwecke in Betracht.

Wir sind jetzt gefordert, eine ernste Überlegung daran zu wenden, ob wir überhaupt eine gesamtdeutsche Lösung wollen. Jetzt kommen wir an die Wegscheide, wo es darum geht, ob man in der Bundesrepublik *unter allen Umständen* aufrüsten und die Bundesrepublik *unter allen Umständen* in den Westen eingliedern will oder ob dies alles zur Diskussion stehen kann, wenn sich auf andere Weise eine gesamtdeutsche Lösung anbietet? Die Bundesregierung hat in der Vergangenheit einerseits unentwegt davon geredet, daß gesamtdeutsche Wahlen sein sollten, daß eine gesamtdeutsche Regierung gebildet werden sollte, daß Deutschland wiedervereinigt werden sollte, und gleichzeitig einen ganzen Berg von Vorbehalten darum geredet, so daß niemand mehr ein noch aus findet, worum es ihr wirklich geht. Jetzt muß Farbe bekannt werden, ob man die Aufrüstung fortsetzen will oder ob man eine gesamtdeutsche Lösung auch dann annimmt, wenn sie ohne Aufrüstung zu erreichen ist! Ich bin der Meinung, daß das, was mit dieser Note angeboten wird, ernst genommen werden sollte . . . Meines Erachtens gibt es überhaupt nur eine einzige Haltung, die eine solche Bemühung um eine gesamtdeutsche Lösung unter Verzicht auf die tatsächliche Aufrüstung ablehnen könnte. Das wäre die Haltung, daß man sagt, der Krieg kommt unter allen Umständen! Es ist frevelhaft zu sagen, daß Kriege unvermeidlich seien!

Rede am 13. März 1952 im Berliner Metropalast und Filmtheater Wintergarten, zuerst erschienen als »Deutschland und der Friede Europas. Sollen wir aufrüsten?« in: »Ruf der Notgemeinschaft für den Frieden Europas«. Flugblatt, Berlin, März 1952.

Frieden durch Lösung der deutschen Frage

Überraschend schnell und gründlich hat sich aus dem Tode Stalins eine neue Lage entwickelt. Die aus Gründen der Bonner Rüstungspropaganda so geflissentlich verbreitete Meinung, es sei zwecklos, sich der zweigeteilten deutschen Aufrüstung und dem Westabmarsch der Bundesrepublik noch entgegenzustellen, ist plötzlich dem Gefühl neuer Möglichkeiten gewichen. »Es liegt etwas in der Luft.« Was liegt in der Luft?

Es ist die Chance zu einem völlig neuen Ansatz unserer Außenpolitik. Es ist die Chance zu einer gerade noch rechtzeitigen Abkehr von einer Verfestigung der deutschen Spaltung durch westdeutsche Weltmachtpolitik und Hinkehr zu einer gesamtdeutschen Entspannungspolitik.

Als ich 1950 aus Protest gegen das Angebot eines westdeutschen Wehrbeitrages durch den Bundeskanzler aus der Bundesregierung ausschied, die noch kurz zuvor im Petersberger Abkommen ihre Entschlossenheit zum Widerstand gegen jede Remilitarisierung bekundet hatte, erklärte ich zur Begründung u. a.: Natürlich kann Deutschland jederzeit von den anderen zum Schlachtfeld gemacht werden. Aber wir legitimieren Deutschland selbst als Schlachtfeld, wenn wir uns in die Aufrüstung einbeziehen. Ich weiß, daß es zur Zeit irreal ist, an eine Verständigung unter den Weltmächten über Deutschland oder an eine UNO-Lösung für Deutschland zu denken. Wer aber vermöchte zu sagen, daß es auch morgen irreal sein wird? Es kommt darauf an, daß die Chance für eine friedliche Lösung nicht verlorengeht. Unsere Beteiligung an der Aufrüstung würde das Aufkommen einer solchen Chance kaum mehr offenlassen. Inzwischen haben wir über 2½ Jahre von Aufschub zu Aufschub gelebt. Der Widerstand im deutschen Volke gegen die zweigeteilte Aufrüstung hat dafür gesorgt, daß die Türe in Bonn noch nicht zugeschlagen werden konnte. Als Moskau mit der Note vom 10. März 1952 die Tür zu einer Verhandlung über die Preisgabe seiner Zone unter der Bedingung auftat, daß ein wiedervereinigtes Deutschland sich nicht an militärischen Bündnissen gegen die Sowjetunion beteilige, waren die Westmächte und die Bundesregierung nicht bereit, sich dem Gespräch zu stellen. Moskau zog die Konsequenz und setzte mit verstärkter Bolschewisierung seiner Zone ein. Es gewann den Anschein, daß beide Seiten sich auf eine unabsehbare Fortsetzung der deutschen Spaltung einstellten, die ja zumal vielen Franzosen als der beste Ertrag aus dem deutschen Zusammenbruch erscheint. – Die neuen Machthaber im Kreml haben in einer Fülle von einzelnen, aber in ihrer Grundhaltung übereinstimmenden und von Korea bis in den Berliner Luftkorridor reichenden Schritten alles neu angestoßen, was die Welt in Spannung hält. Was wird der Westen daraus machen? Ist die unausgesetzte Steigerung des Konfliktes wirklich schon zwangsläufig geworden oder gibt es jetzt eine Umkehr? Vor dieser Frage stehen alle verantwortlichen Männer im Westen, die Bundesregierung aber ganz besonders. Eisenhower gab die sehr vernünftige Erklärung ab, er werde die neuen Schritte des Kremls bis zum Beweis des Gegenteils als aufrichtig auffassen. Der Bundeskanzler dagegen betreibt die unentwegte Fortsetzung des Westabmarsches der Bundesrepublik. Er will wie im vergangenen Jahr den Westen veranlassen, von der Sowjetunion Vorleistungen zu fordern, von denen jedermann sagen muß, daß sie nur geeignet sein können, die Spannung ungelöst zu lassen. Natürlich wollen wir alle freie Wahlen in ganz Deutschland. Diese Forderung aber wiederum wie im Vorjahr in den Vordergrund zu stellen, heißt nichts anderes als ihre Erfüllung von vornherein unmöglich zu machen. Auch die Sowjetunion weiß, daß das Ergebnis einer freien Wahl eine westliche Orientierung des wiedervereinigten Deutschland sein würde. Sie denkt aber nicht daran es zuzulassen, daß Deutschland sich in eine westlich gebundene Aufrüstung und in den Atlantikpakt hineinwählt. Sie will sicher sein, daß Deutschland gerade aus diesen Bindungen herausbleibt. Sie will nicht erleben, daß die russische Zone zusammen mit den Westzonen gegen sie aufgerüstet wird, während sie heute der westdeutschen Aufrüstung eine Aufrüstung ihrer Zone entgegensetzen kann. Ist das so schwer zu begreifen? Natürlich weiß auch der Bundeskanzler, was er mit seiner erneuten Forderung freier Wahlen als dem ersten Schritt anrichtet. Genau das gilt es jetzt zu verhindern, wenn wir weiterkommen wollen! Der erste Schritt kann nur eine Verständigung über die völkerrechtliche Stellung eines wiedervereinigten Deutschland sein. Erst danach sind reale Voraussetzungen für freie Wahlen geschaffen. Die Gesamtdeutsche Volkspartei hat diesen entscheidenden Zusammenhang der Dinge in vier gleichen Schreiben an die vier Besatzungsmächte noch einmal dargelegt und vorgeschlagen, das Ergebnis einer Viermächtevereinbarung über die völkerrechtliche Stellung Deutschlands, d. h. über die Sicherheit unseres eigenen Volkes wie zugleich unserer Nachbarn, einer Abstimmung in ganz Deutschland zu unterbreiten. Bei Annahme des Viermächteabkommens durch das deutsche Volk soll es verbindlicher Bestandteil des Friedensvertrages sein, den die danach zu wählende gesamtdeutsche Regierung abzuschließen hat. Angesichts der derzeitigen gegensätzlichen Regierungen in Bonn und Berlin, die sich einander fortgesetzt jede Verhandlungsmöglichkeit absprechen, kann eben nur das deutsche Volk unmittelbar auf die Frage antworten, welchen Weg ein wiedervereinigtes Deutschland gehen wird und damit den Weg zur freien Parlaments- und Regierungswahl in ganz Deutschland aufschließen.

Wird die neue Lage zu solcher Lösung genutzt werden? Die Gesamtdeutsche Volkspartei wird nicht nachlassen, darauf zu drängen, daß ein ernsthafter Versuch unternommen wird. Jetzt gilt es, zuzufassen, um über eine Bereinigung der deutschen Frage etwas Entscheidendes für den Frieden zu tun.

Ungedruckter Artikel mit der Originalüberschrift »Die neue Lage« (nach Stalins Tod), Essen, April 1953.

Ökumene ächtet Atomwaffen

Das Zusammenleben der Menschen in einer entzweiten Welt, die Sehnsucht nach Frieden und die Angst vor dem Krieg haben die Weltkirchenversammlung und insbesondere ihre Sektion IV für Internationale Angelegenheiten begreiflicherweise außerordentlich intensiv beschäftigt. Die Weltkirchenversammlung hat selber wahr gemacht, was sie von den Christen fordert, nämlich auch in einer so hoffnungslos erscheinenden Situation zu *handeln* als Menschen, deren Hoffnung unzerstörbar ist. Sie hat die Regierung und Völker sowie die Kirchen und Christen in aller Welt aufgerufen, daß sie eintreten möchten für

1. *das Verbot aller Massenvernichtungswassen, einschließlich der Atom- und Wasserstoffbomben, samt einer Vorsorge für internationale Aufsicht und Kontrolle, sowie für eine dratische Herabsetzung aller anderen Waffen,*
2. *die verläßliche Zusicherung, daß kein Land sich an aggressiven oder umstürzlerischen Handlungen in anderen Ländern beteilige.*

Der Aufruf ist mit dem Auftrag an den Zentralausschuß verbunden, ihn mit Hilfe der Mitgliedskirchen und durch Delegationen an solche Kirchen, die noch nicht Mitglied des Weltkirchenrates sind, an alle Regierungen einschließlich der ausdrücklich genannten Sowjetunion heranzutragen. Damit ist etwas ähnliches eingeleitet, wie es die Synode der EKD von Elbingerode 1951 einmal mit ihren Anreden an die beiden Regierungen in Deutschland und an die vier Besatzungsmächte unternahm. Zu wünschen bleibt nur, daß der Aktion von Evanston ein besserer Erfolg beschieden sei. Bemerkenswert ist ferner, daß der Aufruf von Evanston den Kirchen jener Länder, zwischen denen Spannungen bestehen, ausdrücklich nahelegt, sich zu besuchen, damit sie ein besseres gegenseitiges Verständnis erzielen und die Versöh-

nung ihrer Nationen fördern. Die EKD, deren Delegierte auch dieses einmütig mit beschlossen haben, wird in besonderem Maße berufen sein, sich den Kirchen auch in den östlichen Ländern zuzuwenden.
In einer ausführlichen Resolution von über 50 Punkten hat sich die Weltkirchenversammlung des weiteren grundsätzlich mit den Konflikten der Völker befaßt. Es wird ausgesprochen, daß die gesamte Menschheit einer Zerstörung ausgesetzt ist. Die Meinung, daß der beiderseitige Besitz der Wasserstoffbombe den Frieden garantiere, weil die Menschheit den Krieg der Massenvernichtung fürchte, wird als *trügerisch* bezeichnet. Wahrer Friede kann nicht auf Angst beruhen. Wenn es zum Krieg der Weltmächte kommt, werden nach der Überzeugung der Weltkirchenversammlung auch die Massenvernichtungswaffen eingesetzt werden, sei es in der Hoffnung des Überlebens als Sieger oder sei es in der Verzweiflung einer Niederlage, um auch den Gegner mit in den Abgrund der Vernichtung zu reißen. *Die Aussicht auf den Atomkrieg stellt deshalb eine Herausforderung dar, die alles zur Revision fordert, was bisher über den Krieg gedacht und geredet worden ist.* Der *christliche Pazifismus* kann als eine Möglichkeit des Zeugnisses nicht mehr abgewiesen werden. Das Recht der *Kriegsdienstverweigerung aus Gewissensgründen* muß wesentlicher Bestandteil der *Menschenrechte* sein. Den Kirchen ist der Schutz der Kriegsdienstverweigerer empfohlen. Bei aller Absage an totalitäre Tyrannei wird einem Bemühen um das friedliche *Nebeneinanderleben* gegensätzlicher Ordnungen als einem Ausgangspunkt zu einer guten internationalen Ordnung und Gerechtigkeit das Wort geredet. Die »Vereinten Nationen« bedürfen der Ausgestaltung und Stärkung sowie der Fundierung durch ein internationales Ethos. Die Kirchen haben auch die internationalen Angelegenheiten der Völker als ein Feld des Gehorsams gegen Jesus Christus aufzufassen. Ihre Gemeinschaft muß ein Band der Einheit unter den Gliedern in allen Nationen sein, ein Band, das sowohl in Geduld als auch in Widerstandsfähigkeit in Zeiten der Prüfung fester ist, als jedes andere. Diese aus dem

umfänglichen Dokument herausgegriffenen Erklärungen zeigen hinlänglich, daß die Weltkirchenversammlung klare Positionen bezogen hat. Das Dokument im Ganzen verdient gründliche Beachtung.
Der Umstand, daß in Evanston nicht nur Delegierte auch aus dem östlichen Teil Deutschlands, sondern sogar aus der Tschechoslowakei und Ungarn teilnahmen, gab der Konferenz für das Empfinden der amerikanischen Öffentlichkeit in besonderem Maß etwas Sensationelles. Die Delegierten aus der Tschechoslowakei und Ungarn unterlagen besonderen Aufenthaltsbeschränkungen; umso größer war das Interesse der Presse gerade für sie, so daß sie sich über einen Magel an Publizität nicht beklagen können. Der Versuch eines Kongreßausschusses in Washington, einen der ungarischen Delegierten zur politischen Vernehmung zu zitieren, wurde mit großer Promptheit aus dem Kreise der amerikanischen Delegierten abgewehrt, so daß sich die Delegierten aus dem östlichen Bereich auch über einen Mangel an Solidarität nicht beklagen können. Auch in Evanston erwies sich, daß die christliche Verbundenheit über politische Differenzen hinwegzugreifen mag. – Meine Frage war, ob die USA die kriegerische Auseinandersetzung mit dem Kommunismus als vermeidbar ansehen, und wenn ja, welche praktischen Konsequenzen sie zu ziehen gedenken, um diese Auffassung von einer friedlichen Lösungsmöglichkeit der Welt glaubhafter zu machen als bisher? Noch gibt es zu viele beängstigende Züge im Bild der amerikanischen Politik. So wenig aber Europa kommunistisch sein will, so wenig ist es an einem Sieg der freien Welt auf lauter Trümmern interessiert. Wie in Moskau, so erwies sich auch in Washington das tiefe Mißtrauen als das ärgste Hindernis für das Aufbrechen des uns alle bedrohenden Todeszirkels. Deshalb gilt es, in den Riß zu treten, wo immer es möglich ist.

Zuerst erschienen als »Rückschau auf Evanston« – Bericht über die dortige Weltkirchenversammlung, in: »Die Stimme der Gemeinde«, Darmstadt und Frankfurt, Oktober 1954.

Wiederaufrüstung gegen Volkswillen und deutsche Einheit

Rechte Demokratie erfordert ein Zusammenspiel von Parlament und öffentlicher Meinung. Das Parlament hat die ihm von der Verfassung zugemessene Aufgabe und Verantwortung. Die öffentliche Meinung aber bleibt Quelle und Grundlage seines Handelns. Der Staatsbürger ist nicht Objekt eines Parlamentswillens, sondern der höchste Souverän auch gegenüber dem Parlament. Nachdem in den letzten Wochen die ganze Fragwürdigkeit der Bonner Politik den Menschen in Westdeutschland schlagartig bewußt geworden ist, gleichwohl aber diese Bonner Politik der Neutralisierung unseres Volkes in der schlimmsten Form, nämlich durch eine dreigeteilte Aufrüstung seiner Glieder gegeneinander, fortgesetzt werden soll, erleben wir einen Aufbruch öffentlicher Meinung, wie er in Deutschland selten ist. Diese öffentliche Meinung sucht ihren Ausdruck nicht von ungefähr hier in der Paulskirche, die uns allen ein Symbol im Widerstreit von Volkswille und Obrigkeit bleibt. Dieser Widerstreit durchzieht die Auseinandersetzung über die deutsche Aufrüstung von Anfang an.

Am 11. Oktober 1950 beantwortete der Bundeskanzler mein Ausscheiden aus der Bundesregierung in einer Radioansprache damit, daß der Bundestag über die Aufrüstung zu entscheiden haben werde. Das ist wahr, und doch nicht alles. Drei Tage vorher sagte der damalige amerikanische Hochkommissar McCloy: »Die westlichen Alliierten sind sich der Tatsache bewußt, daß ein deutscher Wehrbeitrag nur dann möglich und nur dann wünschenswert ist, wenn das Volk, die Volksvertretung und die Regierung ihn wünschen und aktiv unterstützen.« Alle Beteiligten sollten sich deshalb daran erinnern, daß Parlamentsmehrheiten noch längst nicht immer das letzte Wort haben. Der Widerspruch gegen die Bonner Politik ist nicht auf Sozialdemokraten und Gewerkschaftler begrenzt. Er greift immer tiefer auch in die Reihen der Regierungswähler hinein. Sogar von Bonner Koalitionsabgeordneten wird unsere Opposition ermuntert. Ich spreche hier ebensowenig wie Helmut Gollwitzer im kirchlichen Namen. Aber ich bezeuge mit ihm die Gewissensnot insbesondere auch unter den treuesten Gliedern unserer evangelischen Gemeinden angesichts der drohenden Verfestigung der Spaltung zwischen Ost und West und ihre Sorge um unsere Brüder und Schwestern in der anderen Zone. Der heute hier sichtbar werdende Personenkreis wird nicht der einzige sein, der sich zu Wort meldet. Andere werden folgen, und alle, die unsere Sorgen teilen, sind aufgerufen zu sprechen. »Der Bürger, der nur resigniert, muß dulden, was man ihm diktiert.«

Niemand von uns nimmt die Krise leicht, die durch Ablehnung der Pariser Verträge entstehen wird. Aber diese Krise erscheint uns als das kleinere Unglück im Vergleich zu der Katastrophe, die eine Versteinerung der deutschen Teilung auf unabsehbare Zeit für uns und für Europa bedeuten wird. Die westdeutsche Aufrüstung ist kein Weg zur Wiedervereinigung und zur Gestaltung Europas. Wenn man sagt, daß allein schon ihre Planung die Sowjets zu Angeboten veranlasse, so ist das nur dann redlich, wenn man bereit ist, diese Aufrüstung jederzeit, auch jetzt sofort, für die Wiedervereinigung einzusetzen, also aus ihr keine Bastion deutscher Wirtschaftswunderkinder werden zu lassen. Was uns am meisten an solcher Bereitschaft zweifeln läßt, ist die Überhöhung der Kanzlerpolitik zu einer Politik der »christlichen Einheitsfront«. Sieht man wirklich nicht, daß die dominierende Weltanschauung unter uns nur aus den drei Sätzen besteht: Viel verdienen – Soldaten, die das verteidigen – und Kirchen, die beides segnen!?. Unsere Brüder und Schwestern drüben haben aber den Krieg nicht allein verloren. Als Rheinländer habe ich 1923 schon einmal gehört, es müsse ein Teil des Vaterlandes vorübergehend eigene Wege gehen, um später das ganze zu retten. Was damals im kleinen falsch war, ist heute im großen nicht richtiger. Freilich: Auch die Fürsprecher der Bonner Politik möchten die Wiedervereinigung. Ein anderes aber ist es, sie zu wollen. Wer militärische Blockbildung durch westdeutsche Eingliederung in den Atlantikpakt betreibt, kann dabei die Wiedervereinigung wohl vielfältig im Munde führen, aber er verhindert sie zugleich. Wer die Deutschlandfrage lösen und damit auch Europa helfen will, muß der Tatsache Rechnung tragen, daß kein Nachbar, also auch der östliche nicht, erneut eine militärische Gefahr von Deutschland her erleben will. Nur solche Bereitschaft schließt den Weg zur Einbeziehung aller Glieder unseres Volkes in eine Gemeinschaft und zur Befriedung Europas auf. Es sind wahrlich dumme Worte, solche Bereitschaft als Neutralismus oder »Ohne-mich« zu bezeichnen. Daß ein Krieg in Europa, wenn er ausbräche, nicht um uns herumginge, wissen auch wir. Wir wollen ihn dadurch verhindern, daß wir nicht in militärische Blockbildungen eintreten. Behauptungen wie diese, daß man mit den Sowjets weder verhandeln noch Verträge schließen könne, sind von einer verwerflichen Hoffnungslosigkeit. Wer nicht schießen will, muß sprechen.

Rede in der Frankfurter Paulskirche am 29. 1. 1955, zuerst erschienen als »Rettet Einheit, Freiheit, Frieden!« in einer gleichnamigen Broschüre, ohne Ortsangabe 1955.

Gesamtdeutsche Synode gegen Wehrzwang

Eine besondere Rolle spielte in den Erörterungen der Synode der Zwang zum Wehrdienst. Ein solcher wird in der DDR nicht überall, aber doch vielfach praktisch ausgeübt; in der Bundesrepublik wird um seine gesetzliche Einführung gestritten. Vor allem aus den Kreisen der örtlichen Synodalmitglieder werden schwere Bedenken gegen solche Wehrpflicht laut. Da die Synode keine politische Körperschaft ist, konnte sie den politischen Streit um die Wehrpflicht nicht austragen. Sie konnte aber auch nicht umhin, dafür zu sorgen, daß die in ihrer Mitte geäußerten schweren Bedenken gegen eine Wehrpflicht durch eine fünfköpfige Delegation, zu der aus der DDR die Bischöfe Krummacher und Noth sowie Generalsuperintendent Jacob und aus der Bundesrepublik Klaus von Bismarck und Dr. Bauer gehören, noch vor der letzten parlamentarischen Behandlung in Bonn sowohl der Bundesregierung als auch den Parteien vorgetragen werden. Die gleiche Delegation soll in Ost-Berlin darauf hinwirken, daß in der DDR auch kein Zwang bei der Werbung zum Militärdienst ausgeübt wird.
Welch breiten Umfang die Bedenken gegen einen Wehrzwang in jeder Form im geteilten Deutschland haben, geht aus der Unterzeichnung einer in privater Initiative eingeholten Erklärung hervor, welche der Delegation mit auf den Weg gegeben ist. Sie lautet:

»Die Unterzeichneten schließen sich den Bedenken gegen die Einführung einer allgemeinen Wehrpflicht bzw. gegen Zwangsmethoden bei der Werbung für Wehrdienst an, die durch die von der Synode beauftragte Delegation in Bonn und Ost-Berlin vorgetragen werden.«

Diese Erklärung wurde am letzten Tag von 62, also von mehr als der Hälfte der Synodalmitglieder sowie zusätzlich von 12 nicht zur Synode gehörenden Amtsträgern evangelischer Kirchen unterschrieben. Für den, der die verschiedenen Synoden seit 1949 mitgemacht hat, war es auffällig, in welch starkem Maße sich die Überzeugung von der Richtigkeit der Adenauerschen Rüstungspolitik gelockert, ja geradezu ins Gegenteil verkehrt hat.

Durfte sich die Synode überhaupt mit der politischen Einheit unseres Volkes befassen? Sie sagt dazu:

»Das Evangelium schenkt die Wiedervereinigung mit Gott, die uns willig macht auch zu aller menschlichen Wiedervereinigung, indem es uns von Selbstsucht, Haß und Angst befreit. Das Evangelium ist nicht dazu da, um uns Deutschen die politische Wiedervereinigung zu schaffen; es öffnet uns aber das Ohr für den Notschrei der Opfer der Trennung und gibt uns die Freiheit, ihre Überwindung von Gottes Gnade zu erbitten, für sie zu arbeiten und alles zu unterlassen, was sie hindert.«

Zuerst erschienen in: »Velberter Zeitung«, Velbert 4. 7. 1956.

Appell der Atomwissenschaftler überhört

Die Bewegung der Gemüter durch die Erklärung der 18 westdeutschen Atomwissenschaftler hält an. Woran liegt es, daß diese Erklärung ein so großes Echo gefunden hat? Warnungen vor den Massenvernichtungsmitteln durch Wissenschaftler, dazu auch von Parlamenten, Kirchen und Kongressen aller Art hat es auch schon vorher in großer Zahl gegeben. Aber fast alle diese Warnungen und Beschwörungen wurden lediglich in die Schablonen des Kalten Krieges und der Propaganda einregistriert und blieben erfolglos. Mit der Erklärung der 18 westdeutschen Atomwissenschaftler dagegen brach etwas auf. Warum?

Die 18 Professoren begnügten sich nicht damit, *andere* anzureden, sondern sie taten *selbst* etwas, indem sie mit ihrer Erklärung – sogar in doppelter Weise – einen persönlichen Einsatz verbanden. Sie sprachen aus,

- daß keiner von ihnen bereit sei, sich an der Herstellung, der Erprobung oder dem Einsatz von Atomwaffen in irgendeiner Weise zu beteiligen, und
- daß sich nach ihrer Überzeugung ein kleines Land wie die Bundesrepublik heute am besten schützt, wenn es ausdrücklich und freiwillig auf den Besitz von Atomwaffen jeder Art verzichtet.

Dieses persönliche Engagement und diese öffentlich bekundete staatsbürgerliche Mitverantwortung für eine Absage der Bundesrepublik an jegliche Atomwaffen hoben die Erklärung der 18 Wissenschaftler aus der Fülle sonstiger Erklärungen entscheidend heraus! Das war mutige Tat inmitten des sonst so beliebten Hin- und Herschiebens von Verantwortungen und der Vorwürfe gegen andere ohne eigenen Einsatz!

Steht die Christenheit nicht vor einem sie beschämenden Beispiel? Nicht daß es an beschwörenden Warnungen kirchlicher Amtsträger und Körperschaften vor den Massenvernichtungsmitteln fehlte, sondern was ihnen mangelt, ist der Durchbruch zu einer eigenen Entscheidung. Gibt es – so lautete auf der letzten Synode der EKD im März d. J. in Berlin die bedrängende Frage von Heinrich Vogel – einen Zweck, der die Anwendung der Massenvernichtungsmittel zu rechtfertigen vermöchte? Die Synode stellte sich leider nicht dieser Frage, sondern wiederholte lediglich eine allgemein gehaltene Mahnung. Mit Heinrich Vogel und anderen aber hat z. B. die Kirchliche Bruderschaft im Rheinland im April d. J. diese Frage klar verneint und u. a. ausgesprochen:

»Wir dürfen nicht das Leben von Millionen Menschen bedrohen, auch nicht um der Freiheit und der sozialen Gerechtigkeit willen.«

Das ist die Absage an westliche wie östliche Rechtfertigung von Massenvernichtungsmitteln in gleicher Weise. Die Bruderschaft fügte hinzu:

»Darum verpflichten wir uns, auf dem Weg der atomaren Bewaffnung nicht einen einzigen Schritt weiter mitzugehen.«

Das ist die Absage an den Vorbehalt, daß es doch noch darum gehen könne, eine letzte Zuflucht zu den Massenvernichtungsmitteln zu nehmen.
Auch in der Erklärung der Dekane der Theologischen Fakultäten in der DDR, der u. a. die Leitung der Evangelischen Kirche im Rheinland beigetreten ist, heißt es, daß ein Mitmachen in Sachen Atomwaffen ausgeschlossen ist.
Das ist Durchbruch durch alles politische Kalkül, von dem Professor Dr. C. F. von Weizsäcker als einer der 18 westdeutschen Atomwissenschaftler Anfang Mai d. J. auf der Jahrestagung der Studentenschaften in Bonn sagte, daß mit ihm allein die Welt vor der atomaren Selbstvernichtung *nicht* zu retten sei, und daß es Dinge gibt, die *nicht* zum Gegenstand politischen Kalküls gemacht werden dürfen. Das ist der Schritt in den Bereich eines Gehorsams gegen Gott,

der unserem Kalkül Grenzen setzt. Die Christenheit in aller Welt steht vor der Frage, diesen Schritt mit zu vollziehen. Auch die Generalsynode der VELKD hat sich am 23. Mai d. J. durch die Erklärung der 18 Atomwissenschaftler gedrungen gesehen, zu den Massenvernichtungsmitteln erneut Stellung zu nehmen. Sie sagt u. a.:

»Durch die Erklärung der Göttinger Professoren ist vielen zum erstenmal (!) das Ausmaß bewußt geworden, mit der die Atomkraft die Welt bedroht.«

Wie hilflos und darum auch ihre Gemeindeglieder ratlos lassend die Synode der VELKD aber der nun bewußt gewordenen Bedrohung gegenübersteht, geht aus ihrer Aussage hervor:

»Wir dürfen unser Vertrauen nicht auf eine selbstgeschaffene Sicherheit setzen – weder auf den Besitz von Atomwaffen noch auf den Verzicht auf diese Waffen.«

Was soll ein Gemeindeglied mit dieser Erklärung anfangen, wenn es fragt und hören will, ob es mitmachen darf oder soll oder nicht? Die Synode sagt:

»In dieser Lage sind wir aufgerufen, unser Vertrauen auf Gott zu setzen.«

Aber sie stellt sich in dieser Lage nicht der Frage nach dem Gehorsam. Genau an dieser Stelle aber liegt die Not aller derer, die zu handeln haben – als Politiker, Soldaten, Wissenschaftler, Arbeiter – und welche ihr Handeln von dem Gehorsam gegen Gott bestimmt sein lassen wollen. Konnte die Synode wirklich übersehen, daß ihre Erklärung genau dort ausweicht, wo die Kernfrage anhebt? Gibt es einen Zweck, der die Anwendung von Massenvernichtungsmitteln rechtfertigt? *Diese* Frage *ist* unüberhörbar gestellt!

Die Synode der VELKD hat noch ein Wort zum Wahlkampf hinzugefügt und gesagt:

»Es ist ein Verstoß gegen diese Verantwortung (der Fürbitte), wenn die Atomfrage in die Taktik des Wahlkampfes einbezogen wird.

Die Atomare Bedrohung ist kein Wahlschlager. Wir sitzen alle im selben Schiff! . . .«

Allerdings: Wir sitzen alle im selben Schiff. Das Mißliche ist nur, daß ein Teil des Schiffsvolkes nach atomarer Bewaffnung ruft oder sie doch immerhin als angeblich normale Weiterentwicklung der Artillerie, also letzten Endes der »faulen Grete«, für möglich hält, während der andere Teil des Schiffsvolkes atomare Waffen für eine Erhöhung der Gefahr erachtet. Die offene Diskussion über diesen Widerstreit gehört zur Vorbereitung der bevorstehenden Entscheidung, wer den Kurs des Schiffes fürderhin bestimmen soll. Sie ist unausweichlich Bestandteil des Wahlkampfes, weil der regierende Teil des Schiffsvolkes eine atomare Bewaffnung bejaht, während der opponierende Teil sie verneint. Jeder Wunsch, die atomare Bewaffnung im Wahlkampf aus dem Spiel zu lassen, ist in seiner scheinbaren Unparteilichkeit gegenüber dieser Lage nichts anderes als eine Unterstützung der Regierungspartei. Er läuft in seiner Konsequenz auf die Bejahung dessen hinaus, was der gegenwärtig im Parlament vorherrschende Teil des Schiffsvolkes im Sinne hat, indem er dem anderen Teil des Schiffsvolkes verwehren will, deutlich zu widersprechen.

Mit ihrer Rüge, daß die Behandlung der Atomfragen im Wahlkampf nicht verantwortbar sei, ist die Synode der VELKD um so weniger innerhalb des von ihrem leitenden Bischof D. Lilje gesteckten Rahmens geblieben, wonach die Kirche nur das sagen solle, was sie *als Kirche* zu sagen habe, als ja schließlich nicht unbekannt sein kann, wie sehr die USA darauf drücken, daß der gegenwärtig kommandierende Kapitän eine atomare Bewaffnung seines gesamten Schiffsvolkes vollziehe. Die in ihren politischen Glossen stets ungewöhnlich gut unterrichtete Londoner »Church Times« schrieb beispielsweise am 3. Mai d. J.: »Nach maßgebenden Informationen aus Washington, steht die Bundesrepublik seitens der USA unter starkem Druck, ebenso wie England ein Schwerpunkt für atomare Waffen in der Verteidigung

Europas zu werden.« Westeuropa zu einem Schwerpunkt für atomare Waffen machen, heißt nichts anderes als Westeuropa zum Blitzableiter der atomaren Gegenschläge des Ostblocks zu machen! Wieso hat die VELKD »als Kirche« zu sagen, daß dieses im Wahlkampf nicht zu erörtern sei?

Wenn die Synode der VELKD wünscht, daß die Atomfrage aus dem Wahlkampf herausbleiben soll, so wäre die Voraussetzung dafür eine gemeinsame politische Linie zwischen Regierung und Opposition. Diese aber besteht nicht. Wie schmerzlich gering sie ist, zeigt sich u. a. darin, daß der Bundeskanzler seinem Abflug in die USA noch nicht einmal eine Aussprache mit dem Oppositionsführer vorausgehen ließ. Wäre nicht hier eher etwas von der Lutherischen Synode zu sagen gewesen?

Die Reise Dr. Adenauers steht leider nur zu deutlich im Zeichen einer »Wahlreise«, als daß sie mit ungeteilten Gefühlen von uns allen begleitet werden könnte. Die FAZ vom 24. Mai d. J. meldet aus Washington: »Der deutsche Bundestagswahlkampf wird nach Ansicht politischer Beobachter in Washington unausgesprochen der Kernpunkt der Besprechungen des Bundeskanzlers mit Eisenhower und Dulles sein. Adenauer werde dabei zweifellos versuchen, für den Bundestagswahlkampf soviel politisches Kapital wie möglich herauszuschlagen. In diesem Zusammenhang wurde in Washington daran erinnert, welch große Hilfe die Amerika-Reise 1953 für den Bundeskanzler gewesen sei.«

Auf dieser neuen Wahlreise wird selbstverständlich unsere atomare Rüstung eine Rolle spielen. Wieso soll ihr Ergebnis vom Bundesrepublikanischen Schiffsvolk nur mit Kopfnikken oder Stillschweigen entgegengenommen werden?

Aus dem Bereich der Lutherischen Kirchen ist denen, die der angeblich christlichen Politik der CDU und ihrer Parole von der »christlichen Einheitsfront« als dem Stimmenfang für eine Politik der eingebildeten Stärke im zweigeteilten Deutschland samt atomaren Sprengköpfen widersprechen, der Vorwurf einer Politisierung der Kirche gemacht worden. Dieser Vorwurf hat selten Substanz gehabt und hat immer verkannt, daß das christliche Vorzeichen einer bis tief in die Gemeinden hinein umstrittenen Politik den christlichen Widerspruch permanent herausfordert. Wo aber offenbare und handgreifliche Politisierung der Kirche vorliegt, zeigt die einstimmige Erklärung der Lutherischen Generalsynode, welche an der für sie legitimen Kernfrage nach dem Gehorsam vorübergeht und in der für sie illegitimen Frage nach dem Kalkül des Wahlkampfes in scheinbarer Unparteilichkeit eine Aufforderung vertritt, welche in Wahrheit in dem Wahlkampf um den künftigen Kapitän des gemeinsamen Schiffes den Teil seiner Besatzung begünstigt, der in der CDU versammelt ist.

Man kann sich des Eindruckes nicht erwehren, daß die Lutherische Generalsynode in bezug auf politische Fragen überaus einseitig zusammengesetzt ist. Das kann nicht gut sein für eine Kirche, welche nach dem Zugang für alle Menschen in unserem Volke sucht. Eine Volkskirche muß es fertigbringen, in ihren Reihen die volle Spannweite politischer Meinungen nicht nur theoretisch zu beherbergen, sondern vor allem praktisch dem im 19. Jahrhundert leider so stark abgebrochenen »linken« Flügel politischer Auffassungen wirklich Rechnung zu tragen und ihn selber zu Wort kommen zu lassen, sofern ihr Bekenntnis von allen gemeinsam gewahrt wird. Es sollte keine Sorge darüber bestehen, daß die Gemeinschaft des Glaubens sich stärker erweist, als der Vordergrund allen politischen Streites!

Zuerst erschienen als »Kalkül oder Gehorsam«, in: »Die Stimme der Gemeinde«, Darmstadt und Frankfurt, Juni 1956. Die Namen der 18 Atomwissenschaftler sind die Professoren Fritz Bopp, Max Born, Rudolf Fleischmann, Walther Gerlach, Otto Hahn, Otto Haxel, Werner Heisenberg, Hans Kopfermann, Max von Laue, Heinz Maier-Leibnitz, Josef Mattauch, Friedrich-Adolf Paneth, Wolfgang Paul, Wolfgang Riezler, Fritz Straßmann, Wilhelm Walcher, Carl Friedrich von Weizsäcker, Karl Wirtz.

Evangelische Kirche gegen Atomkrieg! Und die Atomwaffen?

Vom 26. bis 30. April tagte in Berlin die Synode der Evangelischen Kirche in Deutschland. Einer ihrer Verhandlungsgegenstände war die Stellungnahme zu den Massenvernichtungsmitteln. Was hat die Synode (bestehend aus 120 Mitgliedern aus allen evangelischen Kirchen Deutschlands) gesagt?

Die Synode hat den mit Massenvernichtungsmitteln geführten totalen Krieg als unvereinbar mit dem Gewissen vor Gott eindeutig verworfen. Sie hat die beiden Regierungen in Deutschland aufgefordert, alles zu tun, um eine atomare Bewaffnung deutscher Streitkräfte zu vermeiden.

Darüber hinaus stand die Synode aber vor der Frage, ob eine atomare Bewaffnung überhaupt mitgemacht werden dürfe. Diese Vorfrage nach der christlichen Verantwortung vor jeder politischen Zweckmäßigkeitsfrage war das eigentliche Zentrum der Auseinandersetzung. Ihre durch den Bundestagsbeschluß vom 25. März ausgelöste Erörterung ergab eine tiefe Gegensätzlichkeit. Sie reichte von der Überzeugung, daß schon die Herstellung und Bereithaltung von Massenvernichtungsmitteln jeder Art Sünde vor Gott sei bis zu der Überzeugung, daß Situationen denkbar wären, in denen aus der Pflicht zur Verteidigung der Widerstand auch mit atomaren Waffen vor Gott verantwortet werden könne. In der mehrtägigen Aussprache hierüber ist es nicht gelungen, zu einem gemeinsamen Ja oder Nein zu kommen.

Angesichts dessen lag die Versuchung nahe, beide Standpunkte als einander gleichberechtigt stehen zu lassen und zu erklären, daß sie in der Verkündigung der evangelischen Kirche je nach der persönlichen Entscheidung des einzelnen nebeneinander vertreten werden könnten. Es gab – begreif-

licherweise – nicht wenig Neigung, sich mit solchem Kompromiß aus der Gegensätzlichkeit der Standpunkte herauszuziehen.
Dieser Ausweg ist aber nicht genommen worden. Es gibt in der Kirche keine Neutralität gegenüber der Frage, was Sünde, d. h. was schuldhafter Ungehorsam gegenüber Gott sei. Wo diese Frage aufgebrochen ist, muß sie durchgestanden werden. Dementsprechend hat die Synode zwar aussprechen können, daß eine Gegensätzlichkeit der Überzeugungen bestehe, aber sie hat hinzugefügt, daß ihre Überwindung gesucht werden müsse. Die Gegensätzlichkeit der Überzeugungen wird also nur auf Zeit hingenommen, nicht auf die Dauer. Die Auseinandersetzung wird weitergehen und zu einer klaren Entscheidung führen müssen.
Bischof D. Dibelius hat sie für seine Person dahin vollzogen, daß er angesichts der Atomwaffen erklärte: »Einen gerechten Krieg gibt es nicht mehr. Der Krieg mit Atomwaffen ist Völkermord.« Er fügte hinzu: »Wenn ich 50 Jahre jünger wäre und würde zu einem der modernen Massenvernichtungsmittel kommandiert, dann würde ich zu meinem Militärpfarrer gehen – denn der wäre dazu da! – und würde zu ihm sagen: Hilf mir weg von diesem Kommando! Ich kann es nicht!« – Ich meine, daß in dieser Entscheidung die Antwort für uns liegt.
In diesem Zusammenhang erklärte Bischof D. Dibelius übrigens vor der Synode, daß er sich in Bonn nachdrücklich für eine Erweiterung des Rechtes zur Kriegsdienstverweigerung einsetzen werde. Dieses Recht steht gegenwärtig nur denen zu, die aus grundsätzlicher Absage an jede Gewaltanwendung den Kriegsdienst verweigern, nicht aber auch denen, die es im Hinblick auf die Massenvernichtungsmittel tun wollen.

Zuerst erschienen als »Atomwaffen und Evangelische Kirche« in: »Gesamtdeutsche Rundschau«, Dortmund, 9. Mai 1958.

Deutsche Politik zwischen Sowjetunion und dem Westen

Was sich seit 1917 zwischen der Sowjetunion und Deutschland begeben hat, ist ein verwirrender Wechsel von Freundschaft, Neutralität und Feindschaft. Alle denkbaren Variationen sind in diesem Zeitraum vorgekommen, nicht aus Spielerei, sondern immer aus einer Überlegung der Beteiligten, wobei allerdings das Mißtrauen oft irreleitend mitgespielt hat. Ich will die Zeit ab 1917 nicht im engeren Sinne nachzeichnen, sondern versuchen, in einem schematisch-theoretischen Aufriß darzutun, welche Variationsmöglichkeiten überhaupt bestanden, und zu zeigen, wie sie tatsächlich fast alle genutzt wurden und vorgekommen sind.

Die Figuren in diesem Spiel sind Deutschland, Rußland und der Westen, speziell Frankreich. Hinsichtlich dieser Figuren war ein Faktor unabänderlich, vier andere Faktoren aber waren veränderlich. Unabänderlich war die Mittellage Deutschlands, oder, wenn ich so sagen darf, die Randlage der Sowjetunion einerseits und der westeuropäischen Mächte andererseits. Veränderlich dagegen war einmal die relative Schwäche oder relative Stärke Deutschlands. Veränderlich war ferner die Mentalität des deutschen Volkes – es konnte friedsam oder aggressiv sein. Veränderlich war drittens das Verhältnis der Sowjetunion und/oder der westlichen Nachbarn zu uns Deutschen – man bedrängte uns oder man tat es nicht. Und veränderlich war viertens das Verhältnis der Sowjetunion zu den Westmächten oder umgekehrt, also unserer Nachbarn untereinander. Dieses Verhältnis konnte gut oder es konnte schlecht sein. Es liegt klar auf der Hand, daß bei diesen vier veränderlichen Faktoren immer wieder Wechselbeziehungen im Spiel waren. Wenn z. B. Deutschland aggressiv wurde, führte es die Nachbarn, die Sowjetunion und den Westen, eher zusammen als ein schwaches

Deutschland. In all diesen Variationsmöglichkeiten und ihren Kombinationen gibt es zwei größte Spannweiten. Die eine größte Spannweite besteht zwischen einem schwachen und gleichzeitig bedrängten Deutschland einerseits und einem starken und aggressiven Deutschland andererseits. Und die andere Spannweite sieht so aus: die Sowjetunion und die westeuropäischen Völker sind Bundesgenossen oder sie sind Feinde. Die Frage ist nun – man kann sie wirklich fast schon theoretisch stellen und theoretisch beantworten – was passiert unter der jeweiligen Konstellation dieser vier veränderlichen Faktoren?

Wenn wir sie der Reihe nach durchgehen, so sieht es so aus: Deutschland ist relativ schwach. Dann spielt seine Mentalität, ob sie friedfertig oder aggressiv ist, kaum eine Rolle. Wichtiger ist aber, ob ein schwaches Deutschland von einem der Nachbarn bedrängt wird. Wenn ja, dann sucht Deutschland bei der anderen nachbarlichen Seite guten Kontakt und Stütze. Gelingt das oder scheint es auch nur zu gelingen, so läßt die bedrängende Seite nach, dann wird sie freundlicher, dann bietet sie Vorteile, um Deutschland von der anderen Seite abzuziehen. Und wenn das gelingt oder zu gelingen scheint, wird wieder der Partner Deutschlands unruhig. Dann fürchtet er ein Umschwenken Deutschlands. Dann kommt ein Bild heraus, welches man mit Schaukelpolitik bezeichnet und letzten Endes alle Nachbarn unruhig macht, bis sie sich vielleicht miteinander gegen Deutschland verständigen, um das Spiel abzuschließen. Das ist die theoretische Darstellung.

Wie sieht es historisch aus? Deutschland war schwach nach dem ersten Weltkrieg, es hatte ihn verloren. Deutschland wurde von der westlich-nachbarlichen Seite mit großen Reparationsforderungen und sonderlich von Frankreich her in Fortführung historischer politischer Grundsätze bedrängt. Prompt beginnt in Deutschland die Anlehnung an die Sowjetunion. Man nannte das in den zwanziger Jahren eine »undogmatische« Außenpolitik, die über den tiefen Gegensatz in den Auffassungen von Staat und Gesellschaft zwischen uns und der Sowjetunion hinwegsah. Eine der maßgebenden Figuren deutscher Politik zu jener Zeit war Graf Rantzau. Er war eine Zeit lang Außenminister und formulierte einmal: »Es gilt, das Unheil von Versailles von Moskau aus zu korrigieren.« Also, Deutschland ist schwach, es wird vom Westen bedrängt und nimmt Anlehnung an den östlichen Nachbar. Das Bemerkenswerte ist dies, daß diese Anlehnung in breitester Übereinstimmung der politischen Parteien damaliger Zeit geschah. Nicht nur Rathenau als ein Mann der liberalen Demokratie, sondern auch die Deutsch-Nationalen als die schwarz-weiß-roten Vertreter reaktionärer Politik, wie etwa Professor Hötsch oder Simons, stimmten zu, und die wesentliche Figur in diesen Bemühungen war und blieb durch viele Jahre Stresemann. Er vertrat die These: die Sowjetunion darf nicht isoliert werden! Die große Industrie jener Zeit, vertreten etwa durch Stinnes, Klöckner, Krupp, ging diesen Weg der Anlehnung an die Sowjetunion mit aller Klarheit und Bündigkeit mit, natürlich auch aus den speziellen wirtschaftlichen Interessen ihrer Unternehmen heraus. Schon im März 1920 sprechen sich alle damaligen politischen Parteien für Wirtschaftsbeziehungen mit der Sowjetunion aus. Im Mai 1921 wird das erste Handelsabkommen abgeschlossen. In diesem Abkommen wird von Deutschland auch erklärt, daß es keinen Kontakt mit zaristischen Emigranten suchen werde, sich also nicht auf ein Gegenspiel zaristischer Emigranten gegen das sowjetische System einlassen werde. Herr von Seeckt, damaliger Chef der Reichswehr, fängt an, in Rußland deutsche Panzerfahrer und Flieger entgegen den Bestimmungen des Versailler Vertrages auszubilden. Den Höhepunkt erreicht diese Politik im Rapallo-Vertrag vom April 1922. Damals versucht das uns ständig bedrängende Frankreich die Sowjetunion zu einer nachträglichen Mitunterschrift des Versailler Vertrages zu veranlassen mit der Absicht, sich dann von der Sowjetunion die Reparationsforderungen gegen Deutschland abtreten zu lassen und damit zu dem Geld zu kommen, das Frankreich von der Sowjetunion aus anderen Gründen aus der Vorkriegszeit beanspruchte. Der Gegenzug hiergegen von seiten des Außenministers Rathenau und des Reichskanzlers Wirth ist der Rapallo-Vertrag. Deutschland und die Sowjetunion erkennen sich wechselseitig an. Deutschland kommt aus der Isolierung heraus, aber auch die Sowjetunion, die ja in ähnlicher Isolierung stand, kommt ein Stück weiter. Beide nehmen diplomatische Beziehungen auf. Es wird Meistbegünstigung für den Wirtschaftsaustausch versprochen, und der deutsche Reichstag damaliger Zeit genehmigt diesen Rapallo-Vertrag einstimmig. Der Westen ist empört. Im Januar 1923 marschieren die Franzosen und Belgier in das Ruhrgebiet ein. Daraufhin muß versucht werden, nun den Ausgleich nach dem Westen voranzubringen. Das geschieht im Locarno-Vertrag vom Oktober 1925. Deutschland garantiert die Unverletzlichkeit der Rheingrenze aus dem Versailler Vertrag, d. h. es wiederholt den Verzicht auf Elsaß-Lothringen. Es werden Schiedsverträge mit verschiedenen Nachbarn vereinbart. Nun ist die Sowjetunion wieder beunruhigt. Fängt Deutschland jetzt an, sich in eine Abhängigkeit vom Westen zu begeben? Läßt Deutschland sich jetzt gegen die Sowjetunion ins Spiel bringen? Ist es denkbar oder möglich, daß ein neuer Krieg heraufzieht, in dem Deutschland gegen die Sowjetunion stünde? Es wird notwendig, jetzt wieder der östlichen Seite gegenüber die Situation ganz klarzustellen, und das geschieht im Berliner Vertrag vom April 1926. Darin versprechen sich Deutschland und die Sowjetunion wechselseitige Neutralität für den Fall eines Krieges. Deutschland erklärt, daß es sich an keinerlei Wirtschaftsboykott gegenüber der Sowjetunion beteiligen werde. Kaum ist dies geschehen, so ist wiederum der Westen beunruhigt eben durch dieses Berliner Neutralitäts- und Freundschaftsabkommen mit der Sowjetunion. Im September 1926 wird Deutschland in den Völkerbund aufgenommen. Das sah die Sowjetunion mit Besorgnis an, wie sie ohnehin im Völkerbund ein gegen sie gerichtetes Instrument sah. Infolgedessen tritt Deutschland in den Völkerbund nur mit besonderen Maßgaben ein, nämlich mit der Abmachung, daß es durch keinerlei Beschlüsse je verpflichtet werde, gegen die Sowjetunion zu kämpfen, und mit dem besonderen Recht, anderen Mitgliedern des Völkerbundes im Falle der Auseinandersetzung mit der Sowjetunion das Durchmarschrecht durch Deutschland zu verweigern. Das ist das Spiel nach 1918 mit den wesentlichen Etappen Rapallo, Locarno, Berlin und Sonderstatus im Völkerbund.

*

Jetzt nehmen wir eine ganz andere Situationskette. Deutschland ist stark, Deutschland ist aggressiv. Welche Möglichkeiten haben jetzt die Nachbarn? Die eine Möglichkeit ist die, daß sie ein Bündnis untereinander suchen von Ost zu West, Deutschland überspringend. Wenn dieses Bündnis entsteht, dann versucht das umklammerte Deutschland dieses Bündnis aufzubrechen und, wenn ein Krieg im Gange ist, Sonderfrieden mit der einen oder anderen Seite zu finden. Wenn aber zwischen den Nachbarn Ost und West kein Bündnis zustande kommt, dann versucht jede Seite die Aggression Deutschlands gegen die andere Seite zu lenken, um sich selber von der Aggression freizuhalten. Es ist klar, daß die verschiedenen theoretischen Möglichkeiten stark von dem jeweiligen Verhältnis der Westmächte zur Sowjetunion oder umgekehrt abhängen. Bestehen Spannungen zwischen ihnen, so ist die Bündnislösung schwerer zu finden und eher die Bemühung im Gange, Deutschland gegen die andere Seite abzulenken, als umgekehrt.
Jetzt dazu die geschichtlichen Fakten: Der erste Fall ist das Kaiserlich-Wilhelminische Deutschland. Es rüstet und hält aggressive Reden in alle Welt hinaus. Es entsteht die entente cordiale als bündnismäßiger Zusammenschluß des östlichen mit den westlichen Nachbarn und umgekehrt. Im Krieg 1914 bis 1918 stehen sie gemeinsam gegen Deutschland. Deutschland versucht, den Ring aufzubrechen. Das eklatanteste Beispiel für diese Bemühung ist das Herüberholen Lenins aus der Schweiz durch Deutschland hindurch nach Petersburg, um die kerenskijsche Revolution in die bolschewistische

Revolution vorwärtszutreiben, denn Kerenskij wollte ja den Krieg gegen Deutschland weiterführen. Lenin also wird von uns, von der Obersten Heeresleitung damaliger Zeit, gefördert. Ludendorff erklärt, das sei militärisch notwendig, um Rußland auszuschalten und allein noch gegen die Westmächte zu stehen und gegen sie siegen zu können. Lenin und die bolschewistische Revolution werden auch geldlich von Berlin aus gefördert. Nun, wir alle wissen, daß Lenin seine Arbeit gründlich getan hat! –

Der zweite Fall ist Hitler. Deutschland wird nach 1933 militärisch wieder stark, und wieder einmal beginnen die aggressiven Reden in alle Welt, sonderlich aber gegenüber der Sowjetunion. 1934 versucht die Sowjetunion durch Gespräch in Berlin diese Entwicklung aufzuhalten, aber vergeblich. Prompt setzt die Bemühung der Sowjetunion ein, bündnismäßigen Anschluß an westliche Nachbarn Deutschlands, insbesondere an Frankreich zu gewinnen. Der damalige französische Außenminister Barthou sagt: »Wir können die einzigartige Gelegenheit, die Sowjetunion von Deutschland zu trennen, nicht vorübergehen lassen.« Es kommt im Mai 1935 ein Bündnis zwischen der Sowjetunion und Frankreich zustande. Der Westen versucht eine Ablenkung Deutschlands gegen die Sowjetunion herbeizuführen. Wir sind jetzt in dem Zeitraum des Münchner Abkommens von 1938. Das Münchner Abkommen wurde unter Ausschaltung der Sowjetunion geschlossen, obwohl wichtige zentraleuropäische Fragen zur Lösung standen. Die Sowjetunion hat deshalb dieses Münchner Abkommen vom September 1938 als den Versuch der Westmächte angesehen und empfunden, die hitlerische Aggression nach dem Osten hin zu lenken, um sich selber davon verschont zu sehen. Die Sowjetunion versucht das Umgekehrte. Im März 1939 läßt Stalin in einer Rede andeutungsweise aufklingen, daß die Sowjetunion bereit sei, positiven Kurs auf Deutschland zu nehmen. In den letzten Wochen und Monaten vor dem zweiten Weltkrieg ist förmlich ein Wettlauf über die Frage im Gange, ob ein Bündnis zwischen den Nachbarn gegen das

Hitler-Deutschland zustande kommt oder wem es gelingt, die Aggression von sich selbst abzulenken. Es entsteht der Hitler-Stalin-Pakt vom August 1939, d. h. die Bündnisbemühungen Ost-West kommen nicht zum Zuge. Stalin und Hitler aber vereinbaren, daß auf der von uns aus gesehen östlichen Seite Ruhe bleibt und der Krieg sich gegen die Westmächte entlädt. Als Hitler dann 1941 gleichwohl obendrein auch noch die Sowjetunion angreift, ist sofort das allseitige Bündnis aller Nachbarn um uns herum gegen Deutschland da.

Die weiteren Jahre des zweiten Weltkrieges sind von der Sorge unserer Nachbarn durchzogen, daß der jeweils andere Teil Sonderfrieden mit Deutschland schließen würde. Beide beobachten sich mit mehr oder minder großem Mißtrauen, ob sie wirklich alles dran wenden, den Krieg schnell und siegreich zu beenden. Ist nicht die Verzögerung der Landung der Westmächte auf dem europäischen Kontinent ein Indiz dafür, daß sie der Roten Armee den Vortritt lassen wollen, in Europa zu fechten und die Verluste hinzunehmen? Hat nicht Himmler im letzten Augenblick noch wieder versucht, das Bündnis aufzubrechen und mit den Westmächten gegen den Osten zu stehen? Hat nicht Churchill auch solche Gedanken gehabt, als er die Weisung gab, die den deutschen Kriegsgefangenen abgenommenen Waffen säuberlich zu verwahren, weil der Augenblick kommen könnte, wo man sie den deutschen Kriegsgefangenen wieder würde in die Hand geben müssen, um gemeinsam mit Deutschland gegen die östliche Seite zu stehen? So ist also auch unter der Voraussetzung des starken und aggressiven Deutschlands alles an Variationen entweder durchgespielt oder doch probiert worden, was theoretisch überhaupt mit dieser Konstellation verbunden sein konnte.

*

Nun endlich die dritte Linie. Die anderen Mächte um uns herum, also Rußland und die Westmächte, suchen, wie schon gesagt, gegenüber einem starken und aggressiven Deutsch-

land möglichst das Bündnis. Wenn sie aber selber verfeindet sind, was ist dann theoretisch im Spiel? Dann ist im Spiele, daß man versucht, Deutschland gegen den anderen einzuspannen, also aus Deutschland einen Vortrupp gegen den anderen zu entwickeln. Auch solches ist nicht nur Theorie, sondern immer wieder in den Bänken gewesen. Ende 1918 bietet die Sowjetunion Deutschland an, gemeinsam Krieg gegen Frankreich zu führen. Die Sowjetunion ist bedrängt durch die weißen Armeen, darunter auch die Franzosen. Wir sind ebenfalls bedrängt durch die Franzosen. Also kommt die Idee auf, gemeinsam gegen Frankreich zu stehen. Ein Jahr später, im Oktober 1919, wird ähnliches an Deutschland von den Westmächten herangetragen. Die Westmächte blockieren die Sowjetunion. Sie wollen sie wirtschaftlich erdrücken. Sie wollen den aufkommenden Bolschewismus nicht leben lassen. Deutschland wird aufgefordert, sich an der wirtschaftlichen Blockade gegenüber der Sowjetunion zu beteiligen. Es geschieht das eine nicht, es geschieht das andere nicht. Weder haben die Sowjetunion und Deutschland gemeinsam Krieg gegen Frankreich geführt, noch hat Deutschland gemeinsam mit den Westmächten die Sowjetunion blockiert.
Diese Reminiszenzen sollen nur deutlich machen, daß dann, wenn zwischen unseren Nachbarn Gegensätze bestehen, immer wieder der Versuch anläuft, Deutschland in dieses Spiel gegen den anderen einzufädeln.

*

Dieser ganze verwirrende Wechsel von Zusammenspiel und Gegenspiel mit dem Versuch, den einen gegen den anderen zu stellen, wie wir es nach 1917 erlebt haben, ist heute völlig unwiederholbar. Die Figuren, die wir zwischen 1917 und 1945 am Werke gesehen haben, sind entscheidend verändert. Deutschland – wo ist es eigentlich? Es ist gespalten, es ist eingeklemmt mit seinen beiden Stücken hüben und drüben. Seine beiden Regierungen in Bonn und Ostberlin stehen in tiefen Gegensätzen zueinander. Wir leben in den verschiedenen Teilen Deutschlands in unterschiedlichen Ordnungen und Bewußtseinsweisen. Wir kennen uns selbst nicht in diesem Bild. Aber auch unsere Nachbarn, die Siegermächte, was haben sie für eine Vorstellung von Deutschland? Am Ende der Londoner Konferenz 1947 sagte der damalige amerikanische Außenminister Marshall: »Wir vermochten uns nicht darüber zu verständigen, was Deutschland sei.« Die Nachbarn sehen heute ebenfalls anders aus. Freilich, das russische Volk, das französische Volk und alle die anderen Völker sind da wie zuvor. Aber sie repräsentieren sich heute nicht mehr so sehr in jener nationalstaatlichen Ordnung der früheren Jahrzehnte, sondern sie repräsentieren sich als Glieder von großen Blöcken. Sie stellen sich für uns Deutsche vornehmlich als zwei Übergroßmächte dar, die untereinander verfeindet sind. Das ist die Situation der Nachkriegszeit bis jetzt.

Daraus resultiert von 1945 her, und in steigendem Maße je länger die Zeit fortschreitet, für uns eine doppelte Aufgabe. Wir haben heute nicht nur die Aufgabe wie in der Weimarer Zeit, ein neues Verhältnis zu unseren Nachbarn zu finden, die ja auch im ersten Weltkrieg gegen uns gemeinsam Krieg geführt hatten, so wie sie im zweiten Weltkrieg gegen uns gemeinsam Krieg geführt haben oder wir gegen sie, sondern zu dieser Aufgabe ist hinzugekommen, daß wir wieder zu uns selbst kommen müssen, d. h. zu einer eigenen Bewußtseinshaltung über uns selbst und zu einer Gemeinschaft unseres Volkes. Soweit die Bundesrepublik an dieser Aufgabe mitgewirkt hat, hat sie diese Aufgabe nicht nur nicht gelöst, sondern in der Art, wie sie sie angefaßt hat, ist sie darin gescheitert. Die Bundesregierung unter der Führung von Dr. Adenauer hat die uns gesetzte doppelte Aufgabe durch die Integrierung der Bundesrepublik in den Westen zu lösen versucht und sich und uns allen davon versprochen, daß es eines Tages möglich sein werde, den östlichen Nachbarn zu überspielen, d. h. ihn durch den Eindruck einer überragenden westlichen Stärke dazu zu bringen, daß er herausgebe, was man von ihm haben will, und eine Neuordnung ganz

Osteuropas zuzulassen. Diese Art, die Aufgabe zu lösen, ist gescheitert. Es gibt nicht die überragende westliche Stärke, so daß der Osten kapitulieren würde und dann neue Kombinationen von westlicher Seite her eingeleitet oder gar im Diktat durchgesetzt werden könnten.

Was bleibt denkbarerweise als Lösung dieser Aufgabe übrig? Ich bin nach wie vor der Meinung und vertrete sie seit Jahr und Tag, daß Deutschland nicht wieder zu Stand und Wesen kommt, wenn es in den beiderseitigen und obendrein untereinander verfeindeten Blöcken eingeklemmt bleibt. Eine Bemühung unsererseits muß darauf gerichtet sein, Deutschland aus den beiderseitigen Blöcken herauszubringen, um die Möglichkeit einer anderen Zuordnung Deutschlands zu den Nachbarn aufzuschließen. Diese wesentlich andere, ja entscheidend andere Zuordnung Deutschlands zu den Nachbarn hat einmal einen Ausdruck auf dem ersten Europakongreß in Den Haag 1948 gefunden. Dieser Europakongreß in Den Haag 1948 war nicht ein Kongreß europäischer Regierungen, sondern europäischer Politiker aus ziemlich allen Ländern Europas, auch aus solchen, die heute zum Ostblock gehören. Aus Westdeutschland nahmen rund 50 Männer und Frauen teil, darunter auch Dr. Adenauer. Dieser Europakongreß in Den Haag sprach aus, daß eine europäische Union geboten sei, ein Zusammenschluß der europäischen Nationen und Staaten. Er fügte hinzu, und das ist jetzt das Bemerkenswerte, daß eine europäische Union nur dann zustande kommen könne, wenn zwei Voraussetzungen gewahrt blieben. Einmal müsse ein europäischer Zusammenschluß unabhängig sein von Ost und West, und zweitens dürfe er sich nicht gegen andere richten. Beide Voraussetzungen sind über dem, was man später in Straßburg, in Luxemburg, in Paris, in Brüssel als »Europa« zu deklarieren und zu organisieren begonnen hat, gröblich verlassen worden. Dieses westliche Kleineuropa ist nicht unabhängig, und es hat eine klare Front gegen andere Teile Europas. Es ist nicht die europäische Union, auf die wir alle in Deutschland und Millionen von Menschen anderer

europäischer Völker nach diesem schrecklichen zweiten Weltkrieg einmal große Hoffnungen gesetzt haben. Ich frage: gilt es nicht immer wieder, an diese Gedankengänge eines ersten Europakongresses Den Haag 1948 zurückzudenken, um aus der Verklemmung nicht nur unseres Volkes, sondern aus der Spaltung Europas herauszukommen? –
Soll das wieder neue Schaukelpolitik einleiten? Ich sage rund heraus, das ist völlig vorbei. Dazu fehlt es, selbst wenn man es tun wollte, an wichtigen Voraussetzungen. Es kann sich hier in Europa überhaupt nur dann etwas entwickeln, wenn es sich in den Bahnen der Unabhängigkeit und der Nichtaggressivität gegenüber den beiden großen Mächten auf dieser Welt entwickelt und verhält. Nur bei solchem Grundsatz sehe ich eine Möglichkeit für uns als deutsches Volk wieder zu einer Gemeinschaft zu kommen.

Vortrag vom Dezember 1959 in der Studentengemeinde Darmstadt, zuerst erschienen als »Variationen deutscher Rußlandpolitik« in: »Stimme der Gemeinde«, Darmstadt und Frankfurt, Februar 1961.

Verfassungsstreit um Kriegsdienstverweigerung

Laut Art. 4 des Grundgesetzes darf niemand »gegen sein Gewissen zum Kriegsdienst mit der Waffe herangezogen werden«. Es hätte nahe gelegen, diese Bestimmung des Grundgesetzes in das Wehrpflichtgesetz zu übernehmen, als es darum ging, Wehrdienst und Ersatzdienst voneinander abzugrenzen. Bundesregierung und Bundestagsmehrheit glaubten aber, den Umkreis der zur Kriegsdienstverweigerung berechtigenden Gewissensentscheidungen in der Weise einengen zu können, daß nur der grundsätzliche (dogmatische) Pazifismus anzuerkennen sei. Sie schrieben deshalb 1956 gegen den Ratschlag insbesondere des Rates der Evangelischen Kirche in Deutschland in den § 25 des Wehrpflichtgesetzes hinein: »Wer sich aus Gewissensgründen der Beteiligung an jeder Waffenanwendung zwischen den Staaten widersetzt und deshalb den Kriegsdienst mit der Waffe verweigert, hat statt des Wehrdienstes einen zivilen Ersatzdienst . . . zu leisten.« Mit dieser Formulierung sollte erklärtermaßen erreicht werden, daß eine Kriegsdienstverweigerung im Hinblick etwa auf die modernen Massenvernichtungsmittel oder im Hinblick auf die Zweiteilung unseres Volkes oder aus anderen situationsbezogenen Gründen auf keinen Fall Platz greifen dürfe. Es sollte genau die Kriegsdienstverweigerung ausgeschlossen werden, die nach kirchlich-theologischem Verständnis vom Gewissen die allein oder jedenfalls im besonderen Maße begründete gewesen wäre.

Der Rat der Evangelischen Kirche in Deutschland hat die Mißachtung seiner Stellungnahme zum Begriff und Wesen des Gewissens durch die CDU/CSU seinerzeit äußerlich hingenommen und nur intern seine Bedenken gegen die mit dem § 25 Wehrpflichtgesetz unternommene Begrenzung der Gewissensfreiheit aufrecht erhalten, natürlich ohne damit den geringsten Eindruck zu machen. Den Angriff auf § 25 Wehrpflichtgesetz führten einige Wehrpflichtige dadurch, daß sie das Bundesverfassungsgericht vor die Frage stellten, ob er mit dem Grundgesetz vereinbar sei. Nach mündlicher Verhandlung der Verfassungsbeschwerde am 10. Mai 1960 hat das Bundesverfassungsgericht am 18. April 1961 seine Entscheidung verkündet. Die außerordentlich lange Zeitspanne zwischen der Verhandlung und der Entscheidung beweist zur Genüge, wie schwer Karlsruhe sich mit der ihm vorgelegten Frage getan hat. In der Zwischenzeit fand das Bundesverfassungsgericht allerdings Gelegenheit, die Verfassungsmäßigkeit des Wehrpflichtgesetzes auf Grund einer Vorlage des Verwaltungsgerichtes von Schleswig zu befinden. Dort verfocht ein Wehrpflichtiger seine Freistellung mit der Begründung, daß er einen Kriegsdienst als Deutscher gegen Deutsche gewissensmäßig nicht verantworten könne. Das Verwaltungsgericht Schleswig sah sich durch § 25 Wehrpflichtgesetz gehindert, dieser Begründung näherzutreten, hatte aber Zweifel, ob § 25 Wehrpflichtgesetz mit Art. 4 Grundgesetz vereinbar wäre, und rief deshalb seinerseits das Bundesverfassungsgericht an. Die Entscheidung hierzu erging am 20. Dezember 1960. Es ist klar, daß die nachfolgende Entscheidung vom 18. April 1961 damit übereinstimmt.

Was ist nun der Inhalt der beiden Entscheidungen zu diesem langjährigen Streit?

In den Tageszeitungen verlautete, daß die Verfassungsbeschwerden abgewiesen worden seien. Die CDU/CSU schien zu triumphieren. Sogar der Verteidigungsminister Franz-Josef Strauß versuchte am 19. April 1961 im Bundestag die Entscheidungen von Karlsruhe als Bestätigung seiner Auslegung des Grundgesetzes in Anspruch zu nehmen. Ich habe ihm sofort widersprochen.

Karlsruhe hat die Vereinbarkeit des § 25 Wehrpflichtgesetz mit dem Grundgesetz nur bedingt bestätigt, nämlich unter der Voraussetzung, daß er »verfassungskonform« ausgelegt werde. Es hat den Sinn des § 25 Wehrpflichtgesetz, so wie

Bundesregierung und Bundestagsmehrheit ihn verstanden wissen wollten, als verfassungswidrig beiseite geschoben und ihm statt dessen eine Bedeutung im Sinne der Beschwerdeführer gegeben. Dieser Bedeutungswandel des § 25 Wehrpflichtgesetz hat Gesetzeskraft, weil das Bundesverfassungsgericht berechtigt ist, den Inhalt jedes Gesetzes auch gegen den Willen des Gesetzgebers mit dem Grundgesetz abzustimmen oder in Einklang zu bringen.

Die von Karlsruhe vollzogene Sinnveränderung des § 25 Wehrpflichtgesetz besteht darin, daß auch solche Kriegsdienstverweigerer anzuerkennen sind, die aktuell (»situationsbezogen«) den Wehrdienst allgemein nicht mit ihrem Gewissen vereinbaren können, z. B. aus dem Motiv, daß nach ihrer Überzeugung gegenwärtig ein Krieg mit hoher Wahrscheinlichkeit ein mit Massenvernichtungsmitteln geführter oder ein Bruderkrieg von Deutschen gegen Deutsche sein würde. Zu diesem Ergebnis gelangt das Bundesverfassungsgericht, indem es jede Unterscheidung der Gewissensgründe in anerkennenswerte und nicht anerkennenswerte Gründe zurückweist und anerkennt, daß jede Gewissensentscheidung notwendigerweise aus einer bestimmten Situation erwächst. »Als Gewissensentscheidung ist jede ernste sittliche, d. h. an den Kategorien von ›Gut‹ und ›Böse‹ orientierte Entscheidung anzusehen, die der einzelne in einer bestimmten Lage als für sich bindend und unbedingt verpflichtend innerlich erfährt, so daß er gegen sie nicht ohne ernste Gewissensnot handeln könnte.«

Damit ist ein wesentlicher Schritt zur Wiederherstellung der Gewissensfreiheit getan. Es sind nicht nur die grundsätzlichen (dogmatischen) Pazifisten, sondern auch diejenigen Wehrpflichtigen berechtigt, den Kriegsdienst mit der Waffe zu verweigern, welche den Kriegsdienst hier und jetzt allgemein ablehnen, die Motive hierzu aber der historisch-politischen Situation entnehmen. Ausgeschlossen bleibt nach dem Spruch von Karlsruhe lediglich eine solche situationsbedingte Kriegsdienstverweigerung, bei der die Teilnahme an einem bestimmten Krieg oder nur an Kriegen bestimmter

Art, unter bestimmten Bedingungen oder nur mit bestimmten Waffen verweigert wird. Sobald aber eine Kriegsdienstverweigerung, wenn auch aus situationsbedingten Gründen, zu einer generellen Kriegsdienstverweigerung wird, kann sie sich auf den Gewissensschutz des Grundgesetzes berufen.

Die Abgrenzung mag im Einzelfall immer noch schwierig oder streitig sein. Jedenfalls aber ist die Richtung, in der die Einzelfälle zu behandeln sind, deutlich aufgewiesen.

Zuerst erschienen als »Der Verfassungsstreit um die Kriegsdienstverweigerung« in: »Junge Kirche Eine Zeitschrift europäischer Christen«, Bremen, September 1961.

Nicht der Krieg, der Frieden ist der Ernstfall

Wird Frieden sein auf dieser Erde und in unserem Lande? Was tun wir, um ihn zu erhalten und zu gewinnen?
Lange Zeit hat die Menschheit den Krieg als unproblematisch angesehen. Er war halt eine übliche Art, sich durchzusetzen, ohne Rücksicht auf das Leid für die Menschen. Erst spät fing man an, wenigstens zwischen gerechten und ungerechten Kriegen, zwischen Verteidigung und Überfall, zu unterscheiden. Die Theologen der letzten Jahrhunderte haben dazu eine Unterscheidungslehre mit beachtlichen Maßstäben entwickelt. Wo aber sind sie wirksam geworden? Die realen Kräfte der fürstlichen Souveränitäten oder der jeweils für gut erachteten und mit großen Worten umkleideten Sache oder der sogenannten nationalen Interessen waren auch bei den christlichen Obrigkeiten allemal stärker als die Lehre der Kirchen. Jetzt aber überrollt die Kriegstechnik alle Bemühungen, zwischen gerechten und ungerechten Kriegen noch einen Unterschied machen zu wollen.
Wir alle wissen, daß ein Krieg der Massenvernichtungsmittel sicherlich uns und wahrscheinlich die Menschheit vernichten würde. Krieg kann darum schlechthin kein Mittel zur Austragung von Konflikten mehr sein. Wir sollten hinzufügen, daß auch das ungestörte Funktionieren der Weltwirtschaft mit ihrer arbeitsteiligen Produktion und der daraus geborenen Abhängigkeit unserer Versorgungen den Frieden in der Welt voraussetzt. Damit ist der Menschheit eine unerhörte, bisher in solcher Dringlichkeit nie gestellte, geschweige denn gelöste Aufgabe auferlegt. Sie kann nur über die Abrüstung bewältigt werden. Noch haben wir diese Aufgabe überhaupt nicht angefaßt. Wie eh und je stehen die Zeichen bei uns auf Rüstung und Rüstungswettlauf. Vergeblich ist in Bonn bislang gefordert worden, daß Abrüstung und ihre keineswegs einfachen militärischen, politischen,

wirtschaftlichen und psychologischen Fragen wenigstens gleichrangig wie die Rüstung zu bedenken und unablässig zu bearbeiten seien. Carl Friedrich von Weizäcker sagte in seiner Frankfurter Rede über die Bedingungen des Friedens im vorigen Jahr: »Ich sehe mit Kummer, wie der politische Provinzialismus der Bundesrepublik sich zum Beispiel im Fehlen einer breiten Schicht von Kennern der ›Strategie der Abrüstung‹ dokumentiert«. Er zitierte mit »Strategie der Abrüstung« den deutschen Titel eines amerikanischen Buches, in dem die Abrüstungsaspekte der Strategie der Friedenssicherung dargestellt sind, und fügte hinzu: »Verstünden wir mehr von diesen Fragen, so würden wir vielleicht weniger in Versuchung sein, uns auf Grund spezieller nationaler Interessen, so wichtig sie für uns sind, notwendigen internationalen Schritten in den Weg zu stellen«.

Ohne eine moralische Anstrengung, die die Versuche immer noch einmal auszuprobierender Gewaltlösungen überwindet, und ohne die Fortentwicklung der Vereinten Nationen aus einer internationalen zu einer übernationalen Institution mit der Möglichkeit, Konflikte zu regeln, wird die Menschheit das neue Zeitalter nicht bestehen können.

Bis zur Erreichung dieser Ziele stehen wir sozusagen zwischen den beiden Zeitaltern, in dem Kriege geführt wurden und in dem Krieg – sofern die Menschheit weiterleben will – nicht mehr sein wird. In dieser Zwischenzeit genügt es nicht mehr, dem Krieg moralische Schranken setzen zu wollen. Aufgabe sonderlich der Kirchen kann nur noch sein, den Krieg vollkommen zu ächten und damit zu der breiten Entwicklung des Ethos beizutragen, das fortan geboten ist. Der immer wieder aufgetretene Zwiespalt zwischen der ethischen Verwerfung wenigstens bestimmter, nämlich der ungerechten Kriege, und den sog. Interessen der Nationen kann sich endlich lösen. Es ist unser aller elementares Interesse, daß der Krieg nicht mehr ist. Es kann fortan – wenn wir leben wollen – nicht mehr sein, was nicht sein darf.

So achtenswert jede persönliche Verweigerung des Kriegsdienstes immer schon war und heute vollends ist, so wenig kann sie in der Zwischenzeit allein die politischen Aufgaben lösen, die mit den Konflikten unter den Völkern gegeben sind. Wer aber die Kriegsdienstverweigerung heute noch diffamiert, und es geschieht ja solches in allen Lagern, sollte eingedenk sein, daß sie zu dem Ethos der Zukunft gehören wird, so wie wir inzwischen der Blutrache abgeschworen haben.

Auch die andere Bemühung um den Frieden in der Welt durch ein Gleichgewicht von Rüstung und Abschreckung kann nicht die Lösung erbringen. Sie bleibt ein fragwürdiges Unterfangen, und gerade sie in jene andere Sicherung des Friedens zu überführen, sollte den Soldaten und den Politikern ein brennendes Ziel sein.

Diese Fortentwicklung bedarf der Friedensforschung als einer umfassenden wissenschaftlich exakten Anstrengung in vielen Fachgebieten.

Die Wirtschaftswissenschaftler rühmen sich, daß eine Wirtschaftskrise wie um 1930 nicht mehr möglich sei. Es sollte der Ehrgeiz aller Politiker sein, ein Gleiches in bezug auf den Krieg sagen zu können. Dazu bedarf es der wissenschaftlich fundierten Strategie des Friedens, von der Carl Friedrich von Weizäcker sprach und wie sie anderwärts aus guten Gründen angesetzt hat.

Es muß vieles ineinandergreifen, um der Abrüstung und dem Frieden auf die Spur zu kommen. Allein schon die Überleitung von Rüstungsproduktion in Friedensproduktion wirft viele Fragen zumal dort auf, wo Rüstungsproduktion ein privatwirtschaftliches Erwerbsunternehmen ist. Aber auch Völkerrecht, Soziologie, Sozialpsychologie, Pädagogik werden Beiträge zu leisten haben. Die eigentliche Grundlagenforschung aller sonstigen Grundlagenforschung ist die Friedensforschung! Der Frieden ist die eigentliche Forschungslücke der Wirtschaft. Der Wille zur Abrüstung kann nur dann ernsthaft werden, wenn Klarheit über ihre Voraussetzungen und über ihre Auswirkungen besteht.

Es fällt uns schwer, an eine Änderung des bisherigen

Weltgeschehens mit seinem immer wiederkehrenden Kriegslärm zu glauben. Und doch: Utopie ist heute nicht mehr, den Krieg zu überwinden, sondern ihn noch weiterhin für eine praktikable Möglichkeit zu halten.
Der Volkstrauertag 1964 mit seinem besonderen Gedenken an den Ausbruch des Zweiten, noch viel schlimmeren Weltkrieges vor 25 Jahren ruft uns zu: Nicht der Krieg ist der Ernstfall, in dem der Mann sich bewähren muß, – wie wir es früher hörten – sondern der Frieden ist der Ernstfall, in dem wir uns alle zu bewähren haben, weil es hinter dem Frieden keine Existenz mehr gibt!

Rede zum Volkstrauertag 1964 beim Staatsakt der Hessischen Landesregierung in Wiesbaden, zuerst erschienen in einer Broschüre der Hessischen Zentrale für politische Bildung, Wiesbaden 1964.

Straffreiheit für Wehrersatzdienstverweigerer

Das Grundgesetz sieht die freie menschliche Persönlichkeit und ihre Würde als höchsten Rechtswert an. Folgerichtig hat es in Artikel 4, Abs. 1 die Freiheit des Gewissens als unverletzlich anerkannt und in Artikel 4, Abs. 3 das Recht der Verweigerung des Kriegsdienstes mit der Waffe aus Gewissensgründen verankert. Artikel 4, Abs. 3 des Grundgesetzes lautet: »Niemand darf gegen sein Gewissen zum Kriegsdienst mit der Waffe gezwungen werden.« Es ist einhellige Rechtsauffassung, daß diese Bestimmung auch das Recht umfaßt, den Dienst mit der Waffe schon im Frieden und damit die Ausbildung in der Bundeswehr zu verweigern. Die Entscheidung darüber, ob für die Weigerung eines Wehrpflichtigen wirklich Gewissensgründe maßgebend sind, treffen im Einzelfall nach Vorschrift des Wehrpflichtgesetzes eingerichtete »Prüfungsausschüsse für Kriegsdienstverweigerer«. Fällt die Entscheidung bejahend aus, so tritt nach Artikel 12, Abs. 2, Satz 2 des Grundgesetzes und § 25 des Wehrpflichtgesetzes für den Wehrdienstverweigerer an die Stelle des Wehrdienstes die Pflicht, einen zivilen Ersatzdienst abzuleisten. Weigert sich der Dienstpflichtige, auch den zivilen Ersatzdienst abzuleisten, so wird er wegen Dienstflucht mit Gefängnis nicht unter einem Monat bestraft, gleichgültig, ob er die Leistung des Ersatzdienstes aus Gewissens- oder aus anderen Gründen ablehnt.

Aufgrund dieser Strafvorschrift haben Gerichte der Bundesrepublik anerkannte Kriegsdienstverweigerer, die als Mitglieder der Glaubensgemeinschaft »Zeugen Jehovas« aus Gewissensgründen auch die Ableistung des Ersatzdienstes verweigerten, zu Gefängnisstrafen verurteilt. Leisteten die »Zeugen Jehovas« nach ihrer Verurteilung erneuten Einberufungen wiederum keine Folge, so wurden sie wieder mit Gefängnis bestraft. Im Jahre 1967 wurden solche Ersatzdienstverweigerer, die, wie es ihnen ihr Gewissen befahl, auch dem dritten Einberufungsbescheid zum zivilen Ersatzdienst nicht nachkamen, in zwei Fällen zum dritten Male zu Gefängnisstrafen verurteilt. Diese Mehrfachbestrafungen haben im juristischen Fachschrifttum wie in der Öffentlichkeit kritische Stellungnahmen hervorgerufen. Eine Klärung der Verfassungslage erscheint daher geboten. Inzwischen hat das Bundesverfassungsgericht entschieden, daß mehrmalige Bestrafung nicht statthaft ist.

Ich lasse dahingestellt, ob die grundsätzliche Folgerung der Rechtspraxis, ein Gewissenvorbehalt auch gegen Ersatzdienst befreie nicht in gleicher Weise wie beim Wehrdienst von der Dienstpflicht, zutreffend ist. Zumindest muß auch dann geprüft werden, ob dieser Vorbehalt nicht in dem Sinne rechtlich von Bedeutung ist, daß er Art und Ausmaß der Rechtsfolgen begrenzt, die das Verhalten des Ersatzdienstverweigerers auslöst. Die Notwendigkeit, der Gewissensentscheidung wenigstens in dieser Weise Rechnung zu tragen, ergibt sich meines Erachtens aus dem fundamentalen Rang der Gewissensfreiheit im Rahmen unserer auf Menschenrechte und Grundfreiheiten verpflichteten Verfassungsordnung.

Es ist im Internationalen Jahr der Menschenrechte nicht müßig, daran zu erinnern, daß der Gedanke der Gewissensfreiheit am Anfang jener Entwicklung stand, die zur Aufstellung von Grundrechtskatalogen führte. Nach geltendem Verfassungsrecht hat die Gewissensfreiheit einen besonders hohen Wert; sie ist, wie schon hervorgehoben, als unverletzlich anerkannt. Eine verfassungsunmittelbare Beschränkung dieser Unverletzlichkeitsgarantie bedürfte einer eindeutigen rechtlichen Grundlage. Diese ist aber in Artikel 4, Abs. 3 des Grundgesetzes nicht zu erblicken, da diese Verfassungsbestimmung ihrerseits gerade den Begriff des freien Gewissens wiederaufnimmt und die Freiheit einer Gewissensentscheidung gegen den Kriegsdienst mit der Waffe sogar mit einem absoluten Vorrang vor dem Waffendienst vorsieht.

Ist es sinnvoll, daß die staatliche Gemeinschaft in der

atypischen Konfliktlage zwischen der Gemeinschaft und dem einzelnen, der den Ersatzdienst aus Gewissensgründen verweigert, schlechterdings auf der Durchführung des Ersatzdienstes mit allen Folgen, die an ein Fernbleiben geknüpft sind, bestehen will? Artikel 4, Abs. 3 des Grundgesetzes ist insoweit kein Ausnahmerecht, das eine Rechtfertigung dafür gäbe, auf der Ebene des Ersatzdienstes das Gewissen des einzelnen der Allgemeinheit in grundsätzlicher Weise unterzuordnen. Dagegen spricht schon, daß nach Artikel 12, Abs. 2, Satz 2 des Grundgesetzes ein Kriegsdienstverweigerer zum Ersatzdienst herangezogen werden »kann«. Berücksichtigt man weiter, daß Artikel 12, Abs. 2, Satz 4 des Grundgesetzes auch hinsichtlich der Durchführung des Ersatzdienstes der Bedeutung der Gewissensfreiheit Rechnung trägt, so drängt sich eine Auslegung auf, die auch im übrigen bei der Durchführung des Ersatzdienstes wie bei der Regelung der Folgen einer Ersatzdienstverweigerung dem Grundsatz der Gewissensfreiheit jedenfalls im Wege der Abwägung Rechnung trägt und dem widersprechende übermäßige Sanktionen ausschließt.
Sanktionen, die mit der Stellung des Individuums als einer sittlich verantwortlichen Persönlichkeit unvereinbar sind, widersprechen dem Übermaßverbot, dessen Inhalt nach Maßgabe der jeweils in Betracht kommenden verfassungsrechtlichen Wertentscheidung, vorwiegend also unter besonderer Berücksichtigung der Bedeutung der Gewissensfreiheit zu bestimmen ist. Die zuständigen staatlichen Organe sind daher gehalten, eine solche Rechtsregelung zur Verfügung zu stellen, durch die ein Gewissenskonflikt möglichst vermieden wird. Soweit das nicht möglich ist, sind die Sanktionen im Falle einer Verletzung der Ersatzdienstpflicht so zu begrenzen, daß sie zwar die Bedeutung dieser Verpflichtung berücksichtigen, aber auch nicht den einzelnen Gewissenstäter unangemessen in seinem Persönlichkeitswert treffen. Eine übermäßige staatliche Einwirkung, die unter Überschreitung der zumutbaren Opfergrenze zur Aufgabe einer – wenn auch als fehlsam angesehenen – Gewissensent-

scheidung zwänge, wäre zur Durchsetzung der Ersatzdienstpflicht nicht zulässig. Ein Ersatzdienstpflichtiger, der seine Dienstpflicht aus Gewissensgründen ablehnt, kann hiernach nicht immer wieder zum Ersatzdienst einberufen und wegen Dienstflucht bestraft werden. Die verfassungsrechtliche Wertentscheidung für die Gewissensfreiheit stellt vielmehr einen Anknüpfungspunkt dar, an den differenzierende Folgerungen geknüpft werden können und zur Vermeidung übermäßiger Sanktionen von einer bestimmten Gesamtstrafdauer an, die nach Maßgabe der dargelegten Abwägungsgesichtspunkte zu bestimmen ist, auch geknüpft werden müssen. Die bisherige Auffassung, daß von einer Verletzung des Übermaßverbotes erst dann gesprochen werden könne, wenn die Gesamtdauer der wegen Dienstflucht verhängten Bestrafungen die Dauer des abzuleistenden Ersatzdienstes erheblich überschreiten würde, wird diesen besonderen Anforderungen nicht gerecht. Er stellt allein auf das strafbare Verhalten ab, berücksichtigt aber nicht die dem strafbaren Verhalten zugrunde liegende einheitliche, von den Ersatzdienstverweigerern als bindend und unbedingt verpflichtend empfundene Gewissensentscheidung.
Diese fordert nach der Ordnung unseres Grundgesetzes auch dann Respekt, wenn sie nur von einer sehr kleinen Minderheit vollzogen wird, während die große Mehrheit der Rechtsgenossen ihren Inhalt für irrig hält. Die Gerichte haben nur zu prüfen, ob eine echte Gewissensentscheidung vorliegt. Den Inhalt dieser Entscheidung zu beurteilen, ist ihnen – wenigstens solange er sich im Bereich des sittlich Vertretbaren hält – schon nach dem Grundsatz der Religionsfreiheit verwehrt.

Zuerst erschienen als »Wehrersatzdienstverweigerung aus Gewissensgründen« in: »Versöhnung und Frieden. Zum 65. Geburtstag von Heinz Kloppenburg«, bei »Junge Kirche«, Bremen, Mai 1968.

Hiroshima – Mahnmal für alle Völker

Es war mein besonderer Wunsch, in Japan auch Hiroshima zu besuchen, eine Stadt, deren Namen die ganze Welt kennt und die durch das, was sie erlitten hat, ein Mahnmal für alle Menschen und für alle Völker sein sollte. Nach allem, was ich über die Katastrophe vom 6. August 1945 gehört und gelesen habe, bewegt es mich zutiefst, diese Stätte des Leidens und Sterbens vieler Tausender selbst zu sehen.

Gleichermaßen aber bin ich auch beeindruckt von dem neuen blühenden Leben, das aus der Vernichtung wieder erstanden ist.

Damit scheint bewiesen, daß das Leben stärker ist als das Zerstörende. Aber angesichts der Weiterentwicklung der in Hiroshima zum erstenmal eingesetzten Vernichtungswaffen können wir uns mit solcher Feststellung nicht beruhigen. Niemals dürfen wir vergessen, daß die ganze Menschheit von Vernichtung bedroht ist.

An der Verantwortung dafür, daß unser aller Weg nicht in eine Katastrophe führt, nehmen alle teil. Nur wenn wir die Bedrohung ernst nehmen, können wir ihr energisch entgegenwirken. Nur dann sind wir willens, alle Anstrengungen zu unternehmen, die, wie wir hoffen, zu einer besseren und gerechteren Ordnung und zur Erhaltung des Friedens unter den Menschen und Nationen führen. Das, was am 6. August 1945 in Hiroshima passiert ist, das ist ein Vorgang, der nicht nur die beiden damals kriegführenden Nationen, die Japaner und die Nordamerikaner, angeht, sondern uns alle. Hiroshima dokumentiert, daß die Menschheit fähig ist, sich selber auszutilgen und zu vernichten. Das ist die Aussage von Hiroshima, die über das, was andere Schlachtfelder auszusagen vermögen, weit hinausgeht. Ob wir nun an Waterloo oder an Stalingrad oder Verdun denken, Hiroshima ist in diesem Aspekt etwas ganz und gar Außergewöhnliches. Das durch einen Besuch, auf den ich wirklich Wert gelegt habe, daß er ins Programm genommen werden würde, selber zu sehen oder zu unterstreichen, das war die Absicht, die mich dorthin führte.

Ich habe in das Kirchenbuch der Friedens-Kathedrale zu Hiroshima hineingeschrieben: Herr, schenke uns Frieden um Christi willen.

Was wollte ich damit sagen? Krieg ist Menschenwerk, ist menschliches Versagen. Wir bemühen uns, dieses Versagen zu überwinden und müssen doch immer wieder feststellen, daß die Bemühung um den Frieden eine sehr gebrochene ist, daß sich dort Interessengegensätze hineinverquicken, daß wir also nicht so ganz und gar freikommen in Richtung dieser einen Linie, unter den Menschen Frieden zu sichern. Und ich wollte eigentlich sagen mit dem ganz und gar aus dem Augenblick dort hingeschriebenen Wort, daß Gott uns dabei helfen möge, daß wir also in der Bemühung um den Frieden wirklich durchbrechen.

Zuerst erschienen als »Hiroshima – Mahnmal für alle Menschen und Völker« in: »Bulletin des Presse- und Informationsamtes der Bundesregierung«, Bonn, 21. 5. 1970.

Frieden ist jedermanns Sache

Ein Gespräch mit Siegfried Lenz

Lenz: Herr Bundespräsident, woran liegt es, glauben Sie, daß Friedensstrategie schon vom Ausdruck her mit einer Anleihe beginnt?

Heinemann: Das glaube ich nicht. Ich kann im Augenblick nicht sagen, woher der Ausdruck »Friedensstrategie« gekommen ist, aber richtig ist doch in diesem Ausdruck, daß zur Erhaltung des Friedens etwas Sinnvolles, etwas Überlegtes, etwas Planmäßiges getan werden muß – das mag man dann ruhig Strategie nennen. Der Friede ist kein Naturprodukt; er wächst aus menschlichem Handeln. Also gilt es dann doch, dieses menschliche Handeln zu durchleuchten, es in seinen Zusammenhängen aufzudecken. Alles mit der Zuspitzung, daß es friedlich auslaufe, was die Menschen an Querigkeiten untereinander haben.

Lenz: Ja aber – ist das zu erreichen; wodurch ist das zu erreichen? Ich stelle mir unter den alttestamentlichen Prophetien einen paradiesischen Zustand vor, in dem die Wölfe bei den Lämmern liegen. Aber welche Voraussetzungen hat das? Die Wölfe müssen entweder Rohköstler geworden oder es müssen ihnen die Zähne ausgefallen sein. Paradiesisch friedlich kann dieser Zustand doch nicht genannt werden, es sei denn, die Schafe besäßen etwas, womit sie die Wölfe einschüchtern könnten, ein Drohpotential. Ist das noch Friede?

Heinemann: Nein! Die Natur ist gerade in der Tierwelt sehr rauh und grausam. Das sind aber doch keine Beispiele für uns

Menschen. Ich denke, wir unterscheiden uns etwas von Tieren dadurch, daß wir vernunftbegabt sind, daß wir uns verantwortungsbewußt fühlen können, jedenfalls verantwortlich gemacht werden für das, was wir tun. Von daher ergibt sich eine ganz andere Notwendigkeit, sich auf Frieden und Friedlichkeit einzurichten.

Lenz: Dieses Vertrauen in die Vernunft und der Appell an die Vernunft haben aber nicht verhindern können, daß seit zweitausend Jahren der Mensch dem Menschen derart mißtraut, besonders dann, wenn vom Frieden und seiner Friedfertigkeit gesprochen wird. Und ist nicht vorstellbar, daß zum Frieden eine ganz neue Konzeption des Menschen gehört mit einem abgebauten Aggressionshaushalt, mit einer Bereitwilligkeit, die Konflikte anders denn kriegerisch zu lösen, so wie es bisher gewesen ist?

Heinmann: Das ist sicher die Zielsetzung. Nur werden wir sie nicht schaffen unter dem Vorhaben, den Menschen zu ändern. Das glaube ich jedenfalls nicht. Das kann nicht gelingen. Wir sind verwoben in diese Schöpfung einschließlich ihrer Gefallenheit, um es biblisch auszudrücken. Ich möchte Ihnen einmal einige Sätze aus der Dogmatik von Karl Barth vorlesen. Ich habe sie hier zur Hand:
»Der Krieg offenbart den im tiefsten Grund chaotischen Charakter schon des sogenannten friedlichen Wollens, Strebens, Schaffens des Menschen, seine tiefe Unkunst, Herr zu sein, ohne eben damit nicht nur Sklave, sondern sein eigener Verderber, im Grunde Selbstmörder, zu werden.
Der Krieg ist die Offenbarung der notorischen Lebensunfähigkeit, des Gerichtes, das der Mensch schon im Frieden auf sich zu ziehen dauernd im Begriffe steht. Das bedeutet, daß eigentlich nur noch die Oberflächlichkeit die Kriegsfrage trennen kann von der Friedensfrage, das heißt, von der Frage, was wollen und tun wir, auf was ist des Menschen Leben ausgerichtet, und wie ordnet er sein Leben, bevor der Krieg mit seinem Töten und Getötetwerden jeweils wieder einmal

da ist? Haben wir die Macht zum Leben oder hat sie uns? Solange sie uns hat, wird der Krieg immer wieder unvermeidlich werden.« – Ich meine, daß Barth damit unsere Situation richtig darstellt.

Lenz: Gut, Sie zitieren Karl Barth. Aber ich fürchte, das, was die Friedensinitiative tatsächlich immer wieder einem maliziösen Lächeln ausgesetzt hat, ist die Tatsache, daß in einer Welt, in der die Konfliktlage normal ist, die Kirchen beispielsweise versucht haben, ein Sinnbild des Friedens anzubieten, das von vielen Menschen wirklich nicht mehr als Sinnbild angenommen werden kann. Wie sehen Sie die Funktion und die Aufgabe der Kirchen in der Friedensstrategie?

Heinemann: Zum Auftrag der Kirchen gehört, Versöhnung zu predigen, zum Frieden beizutragen. Ich beklage sehr, daß die Friedensbemühungen, daß die Friedensparolen den Kirchen so weitgehend entglitten sind, daß man sie Personen oder Gruppen überlassen hat, die manchmal mit dem ehrenwerten Friedensgedanken etwas ganz anderes verbinden – eigene Herrschaftsinteressen oder was dergleichen Verquickung sei. Die Kirchen gehören doch an die Front der Bemühungen um Frieden. Natürlich auf die Art, wie die Kirchen sich zu betätigen haben; sie sind keine Wissenschaftsinstitute, sondern sie haben die Menschen anzureden auf ihre Verantwortung vor Gott; aber das müssen sie dann auch tun ohne Verquickung mit unguten gesellschaftlichen Gegebenheiten. Im Gegenteil, sie haben sie klarzulegen, damit gerade die darin enthaltenen Konfliktstoffe weggeräumt werden, ehe daraus wieder einmal ein brandiger Konflikt entsteht. Ich bedauere genauso, daß man die Friedensparolen den Kommunisten überlassen hat. Wieso sind das *die* Friedensengel? Andererseits hat man viele Pazifisten abgedrängt, als seien sie Kommunisten. Man hat sie damit diffamiert, statt sie zu überholen, statt sie aufzunehmen und mitzunehmen in eine wirkliche Friedensbemühung. Ja, so manches ist schiefgelaufen . . .

Lenz: Stimmt es nicht, daß es Augenblicke gibt, in denen dem Menschen gar nichts anderes übrigbleibt, als seine Konflikte gewaltsam zu lösen? Wenn man an das Ergebnis der Futurologenkonferenz in Oslo denkt – der letzten – auf der von Ernährungswissenschaftlern vorausgesagt wurde, daß im Jahre 2000 Lebensmittelkriege in dieser Welt stattfinden werden, daß sich die ideologischen Fronten ganz verkehren werden, daß nicht mehr West und Ost einander gegenüberstehen, sondern die Habenden und die Nichthabenden; wenn also dieses unaufhaltsam auf jedermann zukommt, dann, glaube ich, ist doch zu fragen (abgesehen davon, daß vielleicht Lenin dies für einen Moment hielte, in dem man von gerechten Kriegen sprechen könnte), ob man nicht als Politiker, der soviel Verantwortung trägt, vorausweisend etwas unternimmt, was den Krieg ausschließt, und damit meine ich: besonders auf die soziale Frage einzugehen. Für wie wichtig halten Sie die soziale Frage in der Friedensstrategie? Die Teilung der allgemeinen Not in der Welt, die Teilung aber auch des Überflusses?

Heinemann: Natürlich ist es notwendig, daß auf heraufziehende Gefahren rechtzeitig aufmerksam gemacht wird, also insbesondere etwa auf eine Hungerkatastrophe über die ganze Menschheit. Wenn der Eßnapf nicht genug hergibt für die, die daraus leben wollen, kommen sie untereinander unausweichlich in Streit bis zur Tötung des einen oder anderen, um ihn auszuschalten, um ihm seinen Anteil an dem ohnehin zu knappen Vorrat zu nehmen. Also, wenn auf solche Gefahren hingewiesen wird, dann ist das eine Anrede an die derzeitige Generation, das Erforderliche zu bedenken und rechtzeitig einzuleiten, um diese Katastrophe, wenn eben möglich, zu vermeiden.

Lenz: Außer dem Hunger gibt es natürlich noch andere Elemente, die einer Friedensstrategie als entscheidende

Hemmnisse entgegenstehen. Außer Hunger und Armut sind es gewiß Unwissenheit, Unaufgeklärtheit und möglicherweise Nationalismus. Welche Möglichkeit trauen Sie nun dem Schriftsteller zu bei der Beseitigung dieser Hemmnisse und Hindernisse, die einer Friedensstrategie im Wege stehen?

Heinemann: Ja, Sie nennen eine ganze Fülle von Gefahrenquellen. Jede einzelne für sich hat eine erhebliche, unter Umständen eine geradezu schicksalhafte Bedeutung. Sie müssen alle angegangen werden. Ein Schriftsteller kann dazu beitragen, indem er sich etwa sonderlich den sozialen Gegebenheiten zuwendet und hinweist auf die Gefahren, die daraus entstehen. Beispiel: Wenn Kinder in völlig unmöglichen Lebensverhältnissen groß werden, dann verfallen sie, wie man das heute neudeutsch ausdrückt: in Aggressionen. Da ist nicht Erziehung so oder so die Ursache, sondern da ist es das Fehlen jeglicher vernünftigen Begleitung der Kinder in das Leben hinein. Man läßt sie geradezu, wenn sie zu vielen zusammenhausen, wie das ja oft vorkommt, zu einem Rekrutendepot für Straffälligkeit werden und damit zu Schädigungen an der Gesellschaft und in der Gesellschaft. Das alles sind dann explosive Auswirkungen von nicht rechtzeitig aufgefangenen Verhältnissen. Da kann ein Schriftsteller, indem er solches aufdeckt, indem er etwas derartiges an Einzelschicksalen lebendig und überzeugend darstellt, sicherlich dazu helfen, daß die Gesellschaft empfindlicher und munterer wird, um etwas für die Kinder zu tun. Bitte, das ist jetzt nur eine Beispielslinie.

Lenz: Und wie empfinden Sie als Politiker den Schriftsteller? Ist er ein Gegenüber oder ist er eine Erscheinung in der Gesellschaft, die, ohne eine besondere politische Verantwortung zu tragen, ein Recht darauf hat, sich einzumischen in alles? Ist er zuständig für die wichtigsten sozialen Fragen? Welche Art Zuständigkeit billigen Sie ihm zu?

Heinemann: Wir wollen doch eine Gesellschaft mündiger Bürger sein. Infolgedessen ist auch der Schriftsteller eingeladen zur Mündigkeit, das heißt zu einem Sichbeteiligen an der Gesellschaft. Er tut das auf seine Weise, als Schriftsteller. Ich sehe ihn nicht als Gegenüber, ich sehe ihn als einen der vielen, mit denen der Umgang in einer freiheitlichen und demokratischen Gesellschaft zur Selbstverständlichkeit gehört.

Lenz: Und seine Kritik, wie nehmen Sie die auf? Die Kritik, die sozusagen nicht unterfangen ist, denn er ist ja von keinem berufen, von keinem gewählt, er hat sich selbst delegiert in diese Gesellschaft, um als Unruhestifter, als Ruhestörer des schönen Einvernehmens auf den Plan zu treten.

Heinemann: Genau als solchen Ruhestörer begrüße ich ihn. Er sieht eben gewisse Dinge eher als andere, oder er kann sie jedenfalls eindrucksvoller darstellen und daher besser beunruhigen als andere, die darüber am Biertisch reden, ohne daraus etwas entstehen zu lassen. Solche kritischen Schriftsteller braucht eine Gesellschaft.

Lenz: Und wenn dieser Schriftsteller seine kritische Distanz verläßt und plötzlich zum Kumpan der Macht wird, zum schönen Vogel der Mächtigen und nur noch ihr Lied singt?

Heinemann: Dann hat er genau die Rolle verlassen, in der ich ihn eben zu begrüßen versuchte. Das sollte er nicht werden: ein Kumpan der Macht.

Lenz: Ich als Schreiber gehe davon aus, daß das, was man seinem Leser anbietet, ein Angebot auf Widerruf ist. Man ist einverstanden mit einer bestimmten politischen Meinung, man ist einverstanden mit einem bestimmten Personal, mit der Art, wie man Konflikte löst; aber dieses Angebot des Schriftstellers an den Leser ist eine Sache, die man nicht kalkulieren kann, die zutiefst unverläßlich und ambivalent ist im Gegensatz etwa zu politischen Resultaten. Und, was uns alle sehr interessieren würde, wie schätzen Sie die Wirkung so eines Schriftstellers auf die Politik ein?

Heinemann: Ja nun, das ist natürlich außerordentlich verschieden. Eines der wirksamsten Bücher nach dem Ersten Weltkrieg war doch Remarques Roman »Im Westen nichts Neues«. Bis dahin gab es eine verherrlichende Kriegsliteratur, die das Heldentum des Soldaten und dergleichen unterstrich. Und nun kam auf einmal dieses Buch, ich glaube, es war 1929, das die Qual des Soldaten in seinem Kriegshandeln so aufrührend schilderte, daß man betroffen aufhorchte. Das war ein Beitrag zur Besinnung.

Lenz: Es liegt sicher auf der Hand, daß die Aufgabe des Friedens eine Aufgabe für jeden Menschen ist. Für den Politiker in gleicher Weise wie für den Schriftsteller. Aber wie stellt sich Ihnen diese Aufgabe im einzelnen dar? Sie muß ja besorgt werden, sie muß ausgeführt werden durch Menschen für Menschen. Wie quittieren Sie die bisherigen Friedensanstrengungen?

Heinemann: Hauptverantwortlich für die Bewahrung des Friedens sind die Regierungen. Überall. Sie brauchen Hilfestellung. Deshalb bin ich dankbar dafür, daß nun seit 1969 auch bei uns in der Bundesrepublik Deutschland eine wissenschaftliche Bemühung um diese Fragen gefördert wird. Andere Länder haben das früher getan, und wir sind oft gemahnt worden, das auch endlich in Gang zu bringen. Es ist in Gang gekommen. Es ist ja, wie Sie wissen, die Gesellschaft für Friedens- und Konfliktforschung gegründet worden. Sie wird ausgestattet mit Bundesmitteln. Sie soll die vorhandenen Ansätze zur Friedens- und Konfliktforschung ausgestalten, fördern, soll besondere Aufträge zur Erforschung von Einzelfragen geben. Sie soll das tun im Verbund mit all den anderen Instituten – ich nenne hier immer wieder das hervorragend beispielhafte Institut in Stockholm –, also in internationaler Arbeitsteilung. Wir brauchen bei uns nicht etwas anzufassen, was anderwärts schon längst gut bearbeitet wird; aber wir haben noch mancherlei Lücken in diesem großen Feld. Das muß eine ganz solide wissenschaftliche Arbeit sein mit Hilfe von Psychologen, Philosophen, Statistikern usw. –: jetzt läßt sich alles aufzählen, was es an wissenschaftlichen Betätigungen gibt. Zusammengefaßt unter dem Zielpunkt: Wie kann aus diesen Einzelwissenschaften ein Beitrag geleistet werden zur Überwindung von Konflikten und gar erst recht zur Vermeidung von Kriegen.

Gespräch mit Siegfried Lenz am 6. 5. 1973 im Süddeutschen Rundfunk, zuerst erschienen in: »Gustav Heinemann, Reden und Interviews«, Band IV, Bonn 1973.

Stichworte